Etudes Françaises

Grundgrammatik

Neue Ausgabe

von

Hans-Wilhelm Klein

und

Hartmut Kleineidam

Ernst Klett Schulbuchverlag

Stuttgart Düsseldorf Berlin Leipzig

Vorwort

Etudes Françaises – Grundgrammatik steht von ihrem Umfang her zwischen der *Französischen Grundgrammatik* (Klettbuch 5217) und der *Grammatik des heutigen Französisch* (Klettbuch 52172). Sie ist jedoch weder eine erweiterte Version der ersteren noch eine gekürzte Fassung der letzteren, sondern ein neues Buch mit eigenem Charakter, das den veränderten Bedingungen des Französischunterrichts und den besonderen Bedürfnissen der Lernenden Rechnung trägt.

Etudes Françaises – Grundgrammatik ist eine lehrwerkunabhängige systematische Grammatik. Sie ist gedacht zum wiederholenden und vertiefenden Lernen in der Schlußphase und nach Abschluß der Arbeit mit dem Lehrwerk: sie wendet sich also primär an Schüler der ausgehenden Sekundarstufe I und der beginnenden Sekundarstufe II. Diesem Lernniveau entsprechend enthält die *Grundgrammatik* alle diejenigen Inhalte, die nach den Lehrplänen in der Jahrgangsstufe 11 der Gymnasien und beruflichen Gymnasien als bekannt vorausgesetzt werden. Darüber hinaus verweist sie in Gestalt von Anmerkungen auf einige seltenere Formen und Konstruktionen der geschriebenen Sprache, die in den meistgelesenen Texten dieser Altersstufe vorkommen und daher einer Erklärung bedürfen.

Etudes Françaises – Grundgrammatik beruht auf den gleichen Prinzipien der grammatischen Beschreibung wie die *Grammatik des heutigen Französisch,* geht aber in der Auswahl und Darstellung der Inhalte eigene Wege.
Die für die Adressaten neu bedachte Auswahl der grammatischen Inhalte spiegelt sich in der Betonung der Formenlehre und der elementaren Satzgrammatik wider und setzt in den einzelnen Kapiteln eigene Schwerpunkte. Der primären Konzeption des Buches als Lerngrammatik entsprechen in zahlreichen Fällen neue, adressatengemäße Darstellungen. Dazu gehören neben den sprachlich einfachen, häufig situativ eingebetteten Beispielen die einprägsame Gestaltung des Regelwortlauts und die systematische Steuerung der Aufmerksamkeit durch

- Hinweise auf besondere Lernschwierigkeiten,
- Hinweise auf fehlerträchtige Sprachkontraste sowie durch
- nach Wichtigkeit gestufte Zusatzinformationen.

Nicht zuletzt kommen dieser neuen Grammatik Erfahrungen aus der praktischen Benutzung anderer Grammatiken zugute: sie haben sich in zahlreichen Details der sprachlichen Erscheinungen niedergeschlagen.

Inhalt

Kapitel 1: Das Nomen

Kapitel 2: Die Begleiter

Kapitel 3: Das Adjektiv

Kapitel 4: Die Zahlwörter

Kapitel 5: Die Pronomen

Kapitel 6: Das Verb und seine Formen

Kapitel 7: Das Verb und seine Ergänzungen

Kapitel 8: Das Adverb

Kapitel 9: Die Präpositionen

Kapitel 10: Die Satzarten

Kapitel 11: Die Satzformen

Kapitel 12: Der komplexe Satz

Kapitel 13: Indikativ und Subjonctif im untergeordneten Satz

Kapitel 14: Gérondif – Participe présent – Adjectif verbal

Kapitel 15: Der Gebrauch der Tempora

Anhang:

Kapitel 1: Das Nomen – Le nom

1 Die grammatischen Eigenschaften des Nomens

1. Das Nomen, auch Substantiv genannt, kann im Französischen **maskulin** oder **feminin** sein.
   Es steht entweder im **Singular** oder im **Plural**. – Beispiele:

	Singular		**Plural**	
Maskulinum	**le** vendeur	**der** Verkäufer	**les** vendeurs	**die** Verkäufer
Femininum	**la** vendeuse	**die** Verkäuferin	**les** vendeuses	**die** Verkäuferin**nen**
Maskulinum	**le** vélo	**das** Fahrrad	**les** vélos	**die** Fahrr**ä**d**er**
Femininum	**la** voiture	**das** Auto	**les** voitures	**die** Auto**s**

Das französische Nomen ist also – wie das deutsche – nach **Genus** (Geschlecht) und **Numerus** (Zahl) bestimmt.
Abweichend vom Deutschen gibt es im Französischen kein Neutrum.

2. Das französische Nomen hat in der Regel einen **Begleiter** bei sich, z. B. einen Artikel:

	Maskulinum		**Femininum**	
Singular	**le** camion	[lәkamjõ]	**la** voiture	[lavwatyr]
Plural	**les** camions	[lekamjõ]	**les** voitures	[levwatyr]
	Schriftbild	**Lautbild**	**Schriftbild**	**Lautbild**

Der Begleiter kennzeichnet den **Numerus** (Singular und Plural) des Nomens.
Im Singular kennzeichnet er vor konsonantischem Anlaut auch das **Genus**.

Da das französische Nomen in der Regel keine **hörbaren** Pluralendungen hat, wird der Numerus der meisten Nomen im **Lautbild** nur durch den Begleiter markiert.
Im **Schriftbild** erkennt man den Plural außerdem an der nicht hörbaren Pluralendung (meist *-s*).

3. Das Nomen ist das wichtigste Element der **Nominalgruppe**.
   Diese besteht in ihrem **Kern** aus Begleiter + Nomen.
   Die Nominalgruppe kann in verschiedener Weise **erweitert** werden. – Beispiele:

Kern der Nominalgruppe	**un**		**vélo**	
Erweiterte Nominalgruppe	un	**vieux**	vélo	
	mon	**vieux**	vélo	**de course**
	ce		vélo	**de course, qui est vieux de 15 ans**

In diesen Beispielen bestehen die **erweiterten** Nominalgruppen aus

- Begleiter + **Adjektiv** + Nomen
- Begleiter + **Adjektiv** + Nomen + **Präpositionalgruppe** (de course)
- Begleiter + Nomen + **Präpositionalgruppe** + **Relativsatz**.

Innerhalb der Nominalgruppe stimmen die Begleiter und die Adjektive mit dem Nomen in Genus und Numerus überein.

2 Bezeichnungen für Lebewesen

Bei Nomen, die Menschen und größere Säugetiere bezeichnen, entspricht das **Genus** oder **grammatische Geschlecht** (maskulin und feminin) in der Regel dem natürlichen Geschlecht (männlich und weiblich).
Bei vielen dieser Nomen wird das Genus darüberhinaus auch durch die **Endung** (1.) oder durch unterschiedliche **Wortstämme** (2.) markiert.
Einige Personenbezeichnungen und die Mehrzahl der Tierbezeichnungen haben jedoch nur eine Form für beide natürlichen Geschlechter (3. und 4.).

1. Nomen mit unterschiedlichen Endungen für Maskulinum und Femininum

			Endungen		Ebenso:
un Français une Française	un Anglais une Anglaise	un Polonais une Polonaise	**-ais** **-aise**	[-ɛ] [-ɛz]	un Dan**ois** une Dan**oise** u.a.
un Allemand une Allemande	un Normand une Normande	un marchand une marchande	**-and** **-ande**	[-ɑ̃] [-ɑ̃d]	
un passant une passante	un habitant une habitante	un assistant une assistante	**-ant** **-ante**	[-ɑ̃] [-ɑ̃t]	un cli**ent** une cli**ente** u.a.
un Américain une Américaine	un Mexicain une Mexicaine	un Romain une Romaine	**-ain** **-aine**	[-ɛ̃] [-ɛn]	**Aber:** un cop**ain** une cop**ine**
un voisin une voisine	un gamin une gamine	un cousin une cousine	**-in** **-ine**	[-ɛ̃] [-in]	
un lycéen une lycéenne	un Alsacien une Alsacienne	un chien une chienne	**-(i)en** **-(i)enne**	[-(j)ɛ̃] [-(j)ɛn]	
un patron une patronne	un Breton une Bretonne	un espion une espionne	**-(i)on** **-(i)onne**	[-(j)õ] [-(j)ɔn]	**Ebenso:** un pays**an** une pays**anne**
un berger une bergère	un ouvrier une ouvrière	un conseiller une conseillère	**-(i)er** **-(i)ère**	[-(j)e] [-(j)ɛr]	
un vendeur une vendeuse	un fumeur une fumeuse	un voleur une voleuse	**-eur** **-euse**	[-œr] [-øz]	
un directeur une directrice	un instituteur une institutrice	un lecteur une lectrice	**-teur** **-trice**	[-tœr] [-tris]	**Aber:** un ment**eur** Lügner une ment**euse**
un maître une maîtresse	un prince une princesse	un hôte une hôtesse	**-e** **-esse**	[-] [-ɛs]	un duc Herzog une du**chesse**

2. Nomen mit unterschiedlichen Wortstämmen im Maskulinum und Femininum

un **homme** – une **femme** un **garçon** – une **fille** un **monsieur** – une **dame** un **fils** – une **fille** un **taureau/** un **bœuf** – une **vache**	le **père** – la **mère** le **frère** – la **sœur** l' **oncle** – la **tante** le **neveu** – la **nièce** le **cheval** – la **jument** le **coq** [kɔk] – la **poule**	**Ebenso:** le **roi** – la **reine** l' **empereur** – l' **impératrice** **Aber:** le chat – la cha**tte** le chien – la chie**nne**

3. Nomen mit nur einer hörbaren Form für Maskulinum und Femininum

[ɛ̃nelɛv] **un** élève [ynelɛv] **une** élève	**un** camarade **une** camarade	**un** secrétaire **une** secrétaire	**un** journaliste **une** journaliste
[ɛ̃nɛ̃vite] **un** invité [ynɛ̃vite] **une** invit**ée**	**un** employé **une** employ**ée**	**un** délégué Abgeordneter **une** délégu**ée**	**un** ami **une** ami**e**

- Im **Lautbild** wird bei diesen Nomen das Genus in der Regel **nur** durch den **Begleiter** oder aber gar nicht gekennzeichnet (vgl. [sɛtelɛv] = cet élève oder cette élève).
- Im **Schriftbild** ist das Femininum bei den Nomen, die auf **-é** oder **-i** enden, zusätzlich durch ein nicht hörbares **-e** markiert.

4. Nomen mit nur maskuliner Form für beide natürlichen Geschlechter

Mme Gilbert est **un** très bon **médecin.** **Le** nouveau **ministre** de la Santé est **une femme.** **Mme Legrand** est **le professeur** de français de notre fils. (**Aber** Kurzform: **la** prof de français.) **Le témoin** le plus important de l'accident, c'est **Nicole.**	**Nomen mit nur maskuliner Form:** l'architecte — le chef l'ingénieur — le maire le médecin — le juge Richter le ministre — l'auteur Verfasser le professeur — l'écrivain Schriftsteller le reporter — le témoin Zeuge

Geht das Femininum aus dem Zusammenhang nicht hervor, so kann es durch das Wort *femme* eindeutig bezeichnet werden. – Beispiel:
Il y a aujourd'hui plus de **femmes ingénieurs** qu'autrefois.

Anmerkung: Einige wenige Nomen haben eine feminine Form für beide natürlichen Geschlechter. – Beispiele:
Alain Delon est **une vedette** de cinéma très connue. ... ein Filmstar
Yves et Serge sont **de vieilles connaissances**. ... alte Bekannte.

3 Bezeichnungen für Dinge

Bei Nomen, die keine Lebewesen bezeichnen, hat das Genus rein grammatische Funktion.
Allgemeingültige Regeln für die Erkennbarkeit des Genus gibt es nicht.
In einigen Fällen gestattet der **Wortausgang** die Bestimmung des Genus.

1. Endungen zur Kennzeichnung maskuliner Nomen

-age	**le** courage, le visage, le garage **Aber: la** page, **la** plage, **une** image	**-et**	**le** guichet, le billet, un objet
		-ier	**le** papier, le métier, le cahier
-ail	**le** travail, un autorail	**-in**	**le** dessin, le magasin, le chagrin
-al	**le** canal, le cheval, un animal	**-isme**	**le** tourisme, le catéchisme
-eau	**le** bureau, le panneau, le plateau **Aber: une** eau minérale	**-ment**	**le** département, un instrument, **le** logement
-ent	**le** talent, l'argent, le vent **Aber: la** dent	**-oir**	**le** trottoir, le mouchoir (Taschentuch) **le** devoir (Aufgabe), un espoir (Hoffnung)

Bei den einsilbigen Nomen **la** page und **la** plage gehört *-age* zum Wortstamm, ebenso in **une** image, **une** cage (Käfig), **la** rage (Wut).
Das gleiche gilt für *-ent* in **la** dent und für *eau* in **une** eau.

2. Endungen zur Kennzeichnung femininer Nomen

-ade **-ance** **-ence** **-ée**	**la** promenade, la salade **la** connaissance, une ambulance **la** différence, une apparence **Aber: le** silence **la** journée, une idée, une arrivée **Aber: le** lycée, **le** musée	**-erie** **-esse** **-sion** **-tion** **-ité** **-tié**	**la** boulangerie, la boucherie **la** jeunesse, la vieillesse **la** décision, la conclusion **la** protection, la nation **la** nationalité, l'autorité, la réalité **la** moitié, une amitié

3. Das Genus der Namen von Ländern, Regionen, Departements und Flüssen

la France, la Suisse, l'Allemagne, l'Italie; la Bretagne, la Drôme. **Aber: le** Mexique	**le** Canada, le Venezuela, le Japon, le Danemark, le Maroc; le Languedoc, le Calvados
la Garonne, la Seine, la Moselle, la Saône [son] **Aber: le** Rhône, **le** Danube (Donau)	**le** Rhin, le Mississippi, le Saint-Laurent **Aber: la** Ruhr (Ruhr; Ruhrgebiet)
Feminin sind die Namen der meisten Länder, Regionen, Departements und Flüsse, die im **Schriftbild** auf **-e** enden.	**Maskulin** sind die Namen der meisten Länder, Regionen, Departements und Flüsse, die im **Schriftbild nicht** auf **-e** enden.

Die Namen der Kontinente sind feminin: l'Afrique noir**e**, l'Asie central**e**, l'Europe uni**e**.

Anmerkung: Die Namen von Automarken und -typen, haben das Genus des Nomens, das die Kategorie bezeichnet, also:
une voiture: **une** Citroën, **une** Peugeot, **une** Renault, **une** 205, **une** Mercedes.

4 Nomen mit ähnlichem Lautbild und unterschiedlichem Genus im Französischen und Deutschen

F/D

1. Nomen, die im Französischen maskulin sind

le banc	die (Sitz-)Bank	**un** épisode	eine Episode	**un** opéra	eine Oper
le chocolat	die Schokolade	**le** geste	die Geste	**le** parti	die Partei
le contrôle	die Kontrolle	**le** groupe	die Gruppe	**le** rôle	die Rolle
le domaine	die Domäne, der Bereich	**le** mark	die Mark	**le** tube	die Tube
		le numéro	die Nummer	**un** uniforme	eine Uniform

sowie
- die Nomen auf **-age**: **un** étage, **le** garage, **le** passage, **le** visage u.a. (vgl. **3**, 1);
- die Nomen, die **Zahlen** bezeichnen: **le** nombre, **le** zéro, **un** cinq, **un** million, **un** milliard.

Unterscheide:

le banc	[bɑ̃]	Sitzbank	**le** parti	Partei
la banque	[bɑ̃k]	Geldinstitut	**la** partie	Teil.

F/D

2. Nomen, die im Französischen feminin sind

une auto	ein Auto	**la** nicotine	das Nikotin	**la** rime	der Reim
la danse	der Tanz	**la** photo	das Foto	**la** salade	der Salat
la date	das Datum	**la** place	der Platz	**la** salle	der Saal
une interview	ein Interview	**la** radio	das Radio	**la** vitamine	das Vitamin

Gleichlautende Nomen mit unterschiedlichem Genus (Homonyme)

Im Französischen gibt es eine Reihe gleichlautender Nomen (Homonyme), deren Bedeutung durch das Genus unterschieden wird. – Unterscheide:

un livre	ein Buch	**le** physique	das Aussehen einer Person
une livre	ein Pfund	**la** physique	die Physik
le mode	die Art und Weise; der Modus	**le** poste	der Posten, die Stellung
la mode	die Mode	**la** poste	die Post, das Postamt
le moral	die Stimmung	**le** tour (de France)	die Rundfahrt, Tour
la moral**e**	die Moral	**la** tour (Eiffel)	der Turm.

Singular und Plural – Le singulier et le pluriel

5 Nomen ohne hörbare Pluralform

Die meisten französischen Nomen haben keine **hörbare** Pluralform.
Im **Lautbild** wird der Numerus dieser Nomen **nur** durch den Begleiter markiert. – Beispiele:

Singular:	[ləlivr]	[lafam]	[ɛ̃nɑ̃fɑ̃]
Plural:	[lelivr]	[lefam]	[dezɑ̃fɑ̃]

le livre **les** livre**s**	**la** femme **les** femme**s**	**un** enfant **des** enfant**s**	Im **Schriftbild** wird der Numerus doppelt gekennzeichnet: • durch den **Begleiter** und, im Plural, • durch ein nicht hörbares **-s** am Wortende.
un bateau **des** bateau**x** **un** cheveu **des** cheveu**x**	**le** noyau **les** noyau**x** **un** feu **des** feu**x**	Kern **Aber: un** pneu **des** pneu**s**	Ein nicht hörbares **-x** als Pluralzeichen haben • die Nomen auf **-eau** und auf **-au**; • die meisten Nomen auf **-eu**.
un cours **des** cours **les** Meunier	**le** prix **les** prix die Familie Meunier	**un** gaz Gas **des** gaz	**Unverändert** bleiben • Nomen, die im Singular auf **-s, -x, -z** enden. • Eigennamen, die die ganze Familie bezeichnen.

Die Nomen auf **-ou** erhalten bis auf wenige Ausnahmen ein Plural-**s**:

le fou Narr les fou**s**	le trou Loch les trou**s**	le clou Nagel les clou**s**	**Aber:** le genou Knie les genou**x**	le chou Kohl les chou**x.**

6 Nomen mit hörbarer Pluralform

le journ**al** **les** journ**aux** **Aber:** les festivals	**un** anim**al** **des** anim**aux** **les** bals	le can**al** **les** can**aux** Tanzfeste u.a.	**-al** [-al] **-aux** [-o]	Die **meisten** Nomen auf **-al** bilden den Plural auf **-aux**.
le trav**ail** **les** trav**aux** **Aber:** les détails	**le** vitr**ail** **les** vitr**aux** **les** portails	Kirchen- fenster Portale u.a.	**-ail** [-aj] **-aux** [-o]	Ebenso **einige** Nomen auf **-ail**.

Sonderformen:

madame **mes**dames	**ma**demoiselle **mes**demoiselles	(un) **mon**sieur (des) **messieurs**
un **œil** [ɛ̃nœj] des **yeux** [dezjø]	un œuf [ɛ̃nœf] des œufs [dezø]	le bœuf [ləbœf] les bœufs [lebø]

H Einige Nomen werden im Französischen **nur im Plural** gebraucht, z. B.

les mathématiques *f*	Mathematik	**les** ciseaux *m*	Schere	**les** échecs *m*	Schachspiel
les toilettes *f*	Toilette, WC	**les** lunettes *f*	Brille	**les** environs *m*	Umgebung.

7 Der Plural der zusammengesetzten Nomen – Le pluriel des noms composés

Im Plural können nur diejenigen Teile des zusammengesetzten Nomens (Kompositums) ein Pluralzeichen erhalten, die auch bei Einzelgebrauch zwischen Singular und Plural unterscheiden, nämlich **Nomen** und **Adjektive**. Verbale Bestandteile sind grundsätzlich unveränderlich.

1. une station de métro des stations de métro un bureau de tabac des bureau**x** de tabac un marché aux puces des marché**s** aux puces	un thé au citron des thé**s** au citron une pomme de terre des pomme**s** de terre une brosse à dents des brosse**s** à dents	**Nomen + Präpositionalgruppe:** Nur das erste Nomen (Grundwort) erhält ein Pluralzeichen. **Beachte:** Bei einigen Komposita steht das Bestimmungswort immer im Plural.
2. un téléviseur couleur des téléviseur**s** couleur un club cinéma des club**s** cinéma	un timbre- poste des timbre**s**-poste une station- service des station**s**-service	**Nomen + Nomen:** • Wenn das zweite Nomen das erste im Sinne einer präpositionalen Ergänzung näher bestimmt, erhält nur das Grundwort ein Pluralzeichen.
un hôtel -restaurant des hôtel**s**-restaurant**s** un député -maire des député**s**-maire**s**	Hotel mit Restaurantbetrieb Abgeordneter, der gleichzeitig Bürgermeister ist	• Wenn die Nomen im Sinne einer Verknüpfung mit ‚und' nebengeordnet sind, erhalten beide Nomen ein Pluralzeichen.
3. mon grand -père mes grand**s**-père**s**	un nouveau riche des nouveau**x** riche**s**	**Adjektiv + Nomen:** Beide bekommen ein Pluralzeichen.
un **Nord**-Africain des **Nord**-Africain**s**	un **Sud**-Américain des **Sud**-Américain**s**	**Unveränderlich** sind • die Elemente **nord, est, sud, ouest,**
un micr**o**-ordinateur des micr**o**-ordinateur**s**	un Franc**o**-Canadien des Franc**o**-Canadien**s**	• die Elemente auf **-o** (vgl. **40**, 3),
le **ciné**-club les **ciné**-club**s**	un appareil **photo** des appareil**s** **photo**	• abgekürzte Nomen.

Komposita, die in einem Wort geschrieben werden, bilden den Plural wie einfache Nomen, z. B. les autoroute**s**, les pourboire**s**.

⚠ Nicht in allen Fällen ist die Schreibweise der französischen Komposita im Singular und Plural durch feste Regeln bestimmt. Im Zweifelsfall gibt das Wörterbuch Auskunft.

Kapitel 2: **Die Begleiter** – Les déterminants

8 Die grammatischen Eigenschaften der Begleiter

Die Begleiter sind Wörter, die nur in Verbindung **mit einem Nomen** vorkommen.
Sie gehen dem Nomen voran und bilden mit diesem eine **Nominalgruppe** (vgl. **1**, 3). – Beispiele:

la France; **un** beau pays; **mes** photos de **cette** région.

Innerhalb der Nominalgruppe stimmt der Begleiter grammatisch mit dem ihm folgenden Nomen überein.
Im **Lautbild** erkennt man Genus und Numerus des Nomens häufig nur an seinem Begleiter.

un	tour	[ɛ̃tur]	**un**	élève	[ɛ̃nelɛv]	**ma**	photo	[mafɔto]	**le**	pays	[ləpei]
une	tour	[yntur]	**une**	élève	[ynelɛv]	**mes**	photos	[mefɔto]	**les**	pays	[lepei].

Die Begleiter unterscheiden sich also von den **Pronomen**, die nicht **mit** einem Nomen, sondern **für** ein Nomen oder eine Nominalgruppe stehen (vgl. **54**).

Anmerkung: Wie im Deutschen können auch im Französischen Wörter aus anderen Wortarten durch Voranstellen eines Begleiters in Nomen verwandelt werden. – Beispiele:

être **pour/contre** qc → peser **le pour** et **le contre** (das Für und Wider erwägen)
Yves porte un pull **bleu**. → **Ce bleu** lui va très bien.
Je t'invite **à déjeuner** avec moi. → Après **le déjeuner**, on ira au cirque.

Die Artikel – Les articles

9 Die Formen der Artikel

1. **Der bestimmte Artikel** – L'article défini

	Nomen im Singular		**Nomen im Plural**	
Maskulinum	**le** client	[lə]	**les** clients	[le]
	le hall	[lə'ol]	**les** halls	[le'ol]
	l' hôtel	[lɔtɛl]	**les** hôtels	[lezɔtɛl]
	l' escalier	[lɛskalje]	**les** escaliers	[lezɛskalje]
Femininum	**la** cliente	[la]	**les** clientes	[le]
	la Hollandaise	[la'ɔlɑ̃dɛz]	**les** Hollandaises	[le'ɔlɑ̃dɛz]
	l' histoire	[listwar]	**les** histoires	[lezistwar]
	l' explication	[lɛksplikasjõ]	**les** explications	[lezɛksplikasjõ]

- Vor vokalischem Anlaut und vor stummem *h* werden *le* und *la* im Schriftbild zu *l'*.
- Vor vokalischem Anlaut und vor stummem *h* wird *les* im Lautbild als [lez] gebunden.

D Abweichend vom Deutschen gibt es im Französischen keinen sächlichen Artikel.

Mit den Präpositionen **à** und **de** verschmelzen die Artikel **le** und **les** zu einer Form:

	Nomen im Singular		Nomen im Plural		Formen
Jean est allé	**au** bureau. [o]	Luc est allé	**aux** sports d'hiver. [o] **aux** Etats-Unis. [ozetazyni]		(à + le) > **au** (à + les) > **aux**
Jean revient	**du** bureau. [dy]	Luc revient	**des** sports d'hiver. [de] **des** Etats-Unis. [dezetazyni]		(de + le) > **du** (de + les) > **des**

Man nennt die Formen *du, des, au, aux* **zusammengezogene Artikel** (articles contractés).

2. Der unbestimmte Artikel – L'article indéfini

	Nomen im Singular		Nomen im Plural	
Maskulinum	**un** client	[ɛ̃/œ̃]	**des** clients	[de]
	un hall	[ɛ̃'ol]	**des** halls	[de'ol]
	un hôtel	[ɛ̃nɔtɛl]	**des** hôtels	[dezɔtɛl]
	un escalier	[ɛ̃nɛskalje]	**des** escaliers	[dezɛskalje]
Femininum	**une** cliente	[yn]	**des** clientes	[de]
	une Hollandaise	[yn'ɔlɑ̃dɛz]	**des** Hollandaises	[de'ɔlɑ̃dɛz]
	une histoire	[ynistwar]	**des** histoires	[dezistwar]
	une explication	[ynɛksplikasjɔ̃]	**des** explications	[dezɛksplikasjɔ̃]

F/D Abweichend vom Deutschen hat der französische unbestimmte Artikel auch eine **Pluralform**:

J'ai acheté **des** bananes et **des** poires.
Ich habe Bananen und Birnen gekauft.

3. Der Partitiv – L'article partitif

Nomen Maskulinum	**de l'** air	Luft	Den Partitiv (auch Teilungsartikel genannt) erkennt man an der Präposition **de**, die dem bestimmten Artikel **Singular** vorangeht. Dabei verschmelzen (*de* + *le*) zu **du** (vgl. **9**, 1).
	du tabac [taba]	Tabak	
Nomen Femininum	**de l'** eau	Wasser	
	de la musique	Musik	

F/D Der Partitiv hat im Deutschen keine Entsprechung.

10 Die Funktionen der Artikel – Les fonctions des articles

1. Der bestimmte Artikel

1. Der bestimmte Artikel bezeichnet, wie im Deutschen, zusammen mit dem jeweiligen Nomen **eindeutig bestimmte** Lebewesen, Dinge und Sachverhalte.
Dies ist der Fall, wenn die Lebewesen, Dinge oder Sachverhalte

- **einmalig** sind oder **allgemein bekannt** sind, z. B.

  Aujourd'hui, **le ciel** est couvert.
  Le président de **la République** parlera, ce soir, à **la télévision**.
  Sartre a refusé **le prix Nobel** de littérature en 1964.

- aus der Redesituation oder aus dem sprachlichen Kontext **als bekannt vorausgesetzt** werden, z.B.

Redesituation:	*A la maison:*	N'oubliez pas de sortir **le chien**.
	A table:	Passe-moi **le sel**, s'il te plaît.
	Dans le train:	Ne pas ouvrir avant **l'arrêt du train**.
Kontext:		Tu as déjà lu **le livre que je t'ai offert?**

2. Der bestimmte Artikel kann auch **verallgemeinernde Funktion** haben.
Er bezeichnet dann mit dem Nomen eine ganze Gattung. – Beispiele:

L'homme est mortel.	Der Mensch (= alle Menschen) ist sterblich.
Le tabac est mauvais pour la santé.	Tabak ist gesundheitsschädlich. (Vgl. **14**.)

2. Der unbestimmte Artikel und der Partitiv

Der unbestimmte Artikel und der Partitiv bezeichnen zusammen mit dem jeweiligen Nomen Lebewesen, Dinge und Sachverhalte, die **nicht eindeutig bestimmt** sind.
Das ist der Fall, wenn diese in der Redesituation oder im Kontext **nicht als bekannt vorausgesetzt** werden.

- Der **unbestimmte Artikel** steht dabei vor Nomen, die Lebewesen und **zählbare** Dinge bezeichnen:

  Il y avait une fois **un** roi et **une** reine. Ceux-ci habitaient **un** beau château.

  – On prépare **une** salade niçoise?
  – Bonne idée. Je vais acheter **des** œufs, **des** olives et **des** tomates.

- Der **Partitiv** steht vor Nomen, die **nicht zählbare** Dinge bezeichnen:

  Si vous avez faim, mangez donc un sandwich. Il y a **du pain** tout frais et **du jambon**.
  Tu veux qu'on écoute **de la musique**? – Oui, je veux bien. – Tu veux **du rock** ou **du folk**?

⚠ Bestimmte Nomen können sowohl der Kategorie ‚zählbar' als auch der Kategorie ‚nicht zählbar' angehören, z.B.:

– Tu as acheté **du fromage**?	(Nahrungsmittel)
– J'ai pris **deux fromages, un** camembert et **un** bleu d'Auvergne.	(einzelner Käse)
– Vous faites **du vélo**?	(Sportart)
– Ah oui, j'ai même **un vélo** de course.	(Fahrzeug)

Der Gebrauch des bestimmten Artikels

11 Der Artikel bei Personennamen

Abweichend vom Deutschen steht im Französischen der bestimmte Artikel

Les Dupont habitent à Paris. J'admire **les** Curie.	Dupont**s**/Die Familie Dupont ...	• vor **Familiennamen**, wenn sie mehrere Personen dieses Namens bezeichnen;
Le docteur Martin/ **Le** professeur Foucault [fuko] aimerait vous parler.	Doktor Martin/ Professor Foucault möchte Sie sprechen.	• vor **Titeln** + **Familiennamen**;
Bonjour, monsieur **le** Maire/ madame **la** directrice. **Aber:** Bonjour, docteur.	Guten Tag, Herr Bürgermeister/ Frau Direktorin ... Herr/Frau Doktor (zum Arzt)	• in der **Anrede** nach *monsieur* und *madame*, wenn ein Titel folgt.

12 Der Artikel bei geographischen Bezeichnungen

1. **Abweichend vom Deutschen** steht im Französischen der bestimmte Artikel

Visitez **l'** Afrique *f*/ **l'** Amérique *f*/ **la** Suisse/ **la** Pologne/ **l'** Espagne *f*/ **la** Suède/	**le** Portugal/ **le** Danemark/ **le** Liban/ **l'** Iran *m*/ **le** Japon/ **le** Mexique u.a.	• vor **Ländernamen** (Namen von Kontinenten, Ländern und auch Regionen, Provinzen); (Zum Genus der Ländernamen vgl. **3**, 3.)	**Aber** (ohne Artikel): Israël *m* Cuba *m* Monaco *m* Andorre *m* Madagascar *m* u.a.
Visitez **la** Corse/ **la** Crète/ **la** Sardaigne/ **la** Sicile/	**l'** Islande *f*/ **la** Réunion/ **la** Jamaïque/ **la** Martinique u.a.	• vor einer Reihe von meist **femininen Inselnamen** im **Singular**.	**Aber** (ohne Artikel): Chypre Majorque Corfou Ténériffe Malte Hawaï u.a.

2. Wenn Ländernamen und Inselnamen mit Artikel die Funktion einer **adverbialen Bestimmung** haben, ist folgendes zu beachten:

	Gedachte Frage: *Wo? Wohin?*	
Marc est journaliste.		
Il ne veut pas rester	**en**	France. *f*
On lui a proposé d'aller	**en**	Iran *m*
ou	**en**	Corse. *f*
Marc préférerait aller	**au**	Japon
ou	**aux**	Etats-Unis.
Mais d'abord, il passera un mois	**aux**	Baléares.

Auf die Frage **wo**? **wohin**? steht
- **en** + Nomen ohne Artikel
  - bei **femininen** Länder- und Inselnamen;
  - bei **vokalisch** anlautenden **maskulinen** Ländernamen im **Singular**;
- **au** bei **konsonantisch** anlautenden **maskulinen** Ländernamen im **Singular**;
- **aux** bei Länder- und Inselnamen im **Plural**.

	Gedachte Frage: *Woher?*	
Marc a été en voyage.		
Il vient de rentrer	**de**	Jordanie *f*,
	d'	Irak *m*
et	**de**	Corse. *f*.
Son ami Luc est de retour	**du**	Japon.
Une de ses copines est rentrée	**du**	Canada
et	**des**	Etats-Unis.
Marc leur enverra une carte	**des**	Baléares.

Auf die Frage **woher**? steht
- **de/d'** + Nomen ohne Artikel
  - bei **femininen** Länder- und Inselnamen;
  - bei **vokalisch** anlautenden **maskulinen** Ländernamen im **Singular**;
- **du** bei **konsonantisch** anlautenden **maskulinen** Ländernamen im **Singular**;
- **des** bei Länder- und Inselnamen im **Plural**.

H Auf die Frage *wo? wohin? woher?* steht
- vor Inselnamen **ohne** Artikel **à** bzw. **de** : aller **à** Majorque/**à** Ibiza; revenir **de** Majorque.
- vor Ländernamen **ohne** Artikel **à** bzw. **de** : aller **à** Cuba; revenir **de** Cuba.

Aber: aller **en** Israël (vor vokalischem Anlaut); revenir **d'**Israël.

In einigen festen Begriffen steht zum Ausdruck der **Zugehörigkeit de** + **feminines** Nomen **ohne** Artikel. Diese Begriffe bezeichnen
- offizielle **Titel**: la reine **d'**Angleterre; les rois **de** France;
- Einrichtungen und Ereignisse des **öffentlichen Lebens**: le consulat **d'**Allemagne; l'équipe **de** Suisse; l'histoire **de** France; le Tour **d'**Italie;
- **typische Erzeugnisse** eines Landes: les vins **d'**Alsace; les fromages **de** Hollande.

Anmerkung: Bei einigen **Ortsnamen** ist der bestimmte Artikel Bestandteil des Namens, z.B.

La Rochelle: Je vais **à La** Rochelle. Je viens **de La** Rochelle.
Le Havre: Je vais **au** Havre. Je viens **du** Havre.

3 Der Artikel bei den Namen der Wochentage und Monate

Aujourd'hui, c'est **mardi**. Mon cousin est arrivé **dimanche** matin; il repartira **vendredi** après-midi. On se verra **jeudi** dans huit jours.	Die Namen der **Wochentage** stehen • **ohne** Artikel, wenn sie einen Tag der laufenden, vergangenen oder kommenden Woche bezeichnen;
Luc est arrivé { **le** dimanche **21 avril**. / **le** dimanche **après Pâques**. Il est reparti **le** vendredi **suivant**.	• **mit** dem bestimmten Artikel, wenn sie einen Tag bezeichnen, der unabhängig vom Sprechzeitpunkt gesehen wird;
Le mardi, les musées sont fermés en France. — Dienstags … Les infirmières qui travaillent **le dimanche** ont congé **le lundi**.	• **mit** dem bestimmten Artikel, wenn sie die regelmäßige Wiederholung an dem genannten Tag bezeichnen.

Unterscheide also: Luc doit travailler **dimanche** … am (kommenden) Sonntag.
Luc travaille **le dimanche** … jeden Sonntag/sonntags.

Bei Datumsangaben steht der Artikel im Französischen vor dem Namen des Wochentages:
Aujourd'hui, nous sommes **le** jeudi 15 mai.
Heute ist Donnerstag, **der** 15. Mai. (Vgl. **51** F/D.)

Eve a passé les derniers jours de **septembre** en Savoie. **Janvier/Le mois de janvier** est très froid dans cette région.	**Monatsnamen** stehen **ohne** Artikel oder mit vorausgehendem **le mois de**.
En janvier, les skieurs sont moins nombreux ici qu'**au mois de mars**.	Auf die Frage *wann?* steht **en** oder **au mois de** + Monatsnamen.

4 Der Artikel in verallgemeinernden Aussagen

Les vrais amis sont rares.	**Wahre Freunde** sind selten.
Les oranges sont riches en vitamines.	**Orangen** sind reich an Vitaminen.
Le lait est très bon pour **les enfants**.	**Milch** ist gut für (die) **Kinder**.
Pierre aime beaucoup **la musique classique**.	Pierre mag **klassische Musik** sehr.
François ne supporte pas **le café**.	François kann **Kaffee** nicht vertragen.

In diesen Sätzen bezeichnet der bestimmte Artikel weder eine einzelne bestimmte Person oder Sache noch verweist er auf eine aus dem Kontext bereits bekannte Person oder Sache.
Der bestimmte Artikel hat hier eine **verallgemeinernde Funktion**:
Er bezeichnet zusammen mit dem Nomen eine **Gattung** (wahre Freunde, Orangen), eine **Stoffart** (Milch) oder etwas **Abstraktes** (Musik).

Im Deutschen steht in dieser Funktion das Nomen meist ohne Artikel.

Unterscheide:

Souvent, on croit avoir **des amis**. = ein paar/eine gewisse Anzahl von Freunden (Teilmenge).
Les vrais amis sont rares. = die Kategorie „wahre Freunde".

Les oranges sont riches en vitamines. = die Ware/Obstsorte „Orangen".
En hiver, il faut manger **des oranges**. = möglichst viele Apfelsinen (Teilmenge). (Vgl. auch **16**.)

15 Der Artikel in erweiterten Nominalgruppen

Bei erweiterten Nominalgruppen (vgl. **1**, 3), die aus Begleiter + Nomen + präpositionaler Ergänzung bestehen, ist zu unterscheiden zwischen Zugehörigkeit und Typ.

Zugehörigkeit	**Typ**
En arrivant, nous avons constaté que les portes **de la maison** étaient fermées. ... die Türen **des Hauses** ...	La **porte d'entrée** était fermée. Die **Haustür** ...
Dans la cour, il y avait Daniel, le fils **d'un voisin**. ... der Sohn **eines Nachbarn**.	Daniel est un **fils d'ouvrier**. ... ein **Arbeiterkind**.
Ebenso: les rayons **du** soleil — die Strahlen der Sonne le conseil **d'un** vieil ami — der Rat eines alten Freundes	**Ebenso:** un rayon **de** soleil — ein Sonnenstrahl un conseil **d'**ami — ein Freundesrat
Die Ergänzung **de** + Nomen **mit** Artikel bezeichnet eine **Zugehörigkeit**. (Frage: *Wessen?*)	Die Ergänzung **de** + Nomen **ohne** Artikel bezeichnet einen **Typ**. (Frage: *Was für ein(e)?*)

Anmerkung: Zur Bezeichnung eines bestimmten Typs wird die Präpositionalgruppe in einigen Wendungen auch mit anderen Präpositionen als *de* angeschlossen. – Beispiele:

une cuillère **à** soupe	Suppenlöffel	un mouchoir **en** papier	Papiertaschentuch
un livre **pour** enfants	Kinderbuch	une montre **en** or	goldene Uhr.

Zum Gebrauch der Artikel nach Präpositionen vgl. auch **21**.

Der Gebrauch des unbestimmten Artikels Plural und des Partitivs

16 1. Bei Gattungsnamen, Stoffnamen und Abstrakta

Nous avons regardé **des photos** et écouté **des disques**.	... Fotos ... Platten.	• **Unbestimmter Artikel Plural** + Nomen bezeichnet eine **unbestimmte Anzahl** zählbarer Dinge.
On a bu **de l'eau minérale** et **du jus de pommes**.	... Mineralwasser ... Apfelsaft.	• **Partitiv** + Nomen bezeichnet eine **unbestimmte Menge** eines Stoffes.
– Nous avons écouté **de la** musique pop et **du** rock. – Vous avez **de la** chance: vous pouvez faire **du** bruit.	... Popmusik ... Rock. ... Glück: ... Lärm.	• Der Partitiv steht auch vor **Abstrakta**, wenn diese in **nicht** verallgemeinerndem Sinn gebraucht werden. (Vgl. hingegen **14**.)

F/D Im Deutschen steht in diesen Fällen das Nomen ohne Artikel.

⚠ **Unterscheide:** – Tu veux **du** café ou **du** thé? – Je préférerais **du** thé. } jetzt: Partitiv

J'aime mieux/Je préfère **le** thé. **Le** café est trop fort pour moi. } grundsätzlich: Bestimmter Artikel

Ebenso: Tu aimes **la** musique pop? Oui? Alors, on va écouter **du** rock. (Vgl. auch **14** ⚠.)

7 2. Vor Nomen mit vorangehendem Adjektiv

Nous avons mangé **du bon fromage.** C'est du caviar? – Oui, et **du vrai caviar.** Nous avons écouté **de la bonne musique.**	• Vor der Gruppe **Adjektiv + Nomen Singular** steht der Partitiv.
On l'a constaté **de nombreuses fois:** cet homme donne toujours **de précieux conseils.**	• Vor **Adjektiv + Nomen Plural** steht **de** (statt *des*).
Odile a reçu de sa tante **de(s) vieux** meubles, **de(s) beaux** tableaux, **de(s) jolis** verres et **de(s) petites** cuillères en argent. Sa tante lui a également donné des bijoux (Schmuckstücke), **de(s) faux** bijoux, malheureusement.	• In der **gesprochenen** Sprache steht auch *des*, aber nur vor kurzen und häufig gebrauchten Adjektiven wie *beau, bon, faux, joli, grand, petit, vieux.*

Wenn Adjektiv + **Nomen Plural** einen **festen Begriff** bilden, steht nur **des**:

des jeunes gens	**des** grands magasins	Kaufhäuser
des jeunes filles	**des** libres penseurs	Freidenker.

8 3. Nach Mengenausdrücken (Partitives « de »)

1. **De** + Nomen **ohne Artikel** (partitives *de*) steht nach den meisten Mengenausdrücken.
   Solche Mengenausdrücke *(expressions marquant la quantité)* sind:

un groupe d'élèves | **une bouteille de** bière **une foule de** jeunes | **un paquet de** sucre **un grand nombre de** gens | **un verre d'**eau **un tas de** choses | **un kilo de** pommes	• **Nominalgruppen,** z. B. un groupe de une foule de un grand nombre de un tas de (Menge)	 une bouteille de un paquet de un verre de un kilo de
Nous mangeons **peu de** viande, mais **beaucoup de/pas mal de/ énormément de** légumes. Je n'ai pas **assez d'**argent. Il me manque 20 F. Les Français boivent **plus de** vin, mais **moins de** bière que les Allemands. J'ai **tant de** soucis/**tellement de** problèmes! Et je **n'**ai **pas d'**amis à qui en parler. Il y a **trop de** jeunes qui fument. Tu reçois **combien d'**argent de poche par mois?	• **Adverbien,** z. B. peu de beaucoup de/pas mal de énormément de assez de plus de moins de tant de/tellement de ne ... pas de/ne ... plus de trop de combien de	 wenig viel sehr viel genug mehr weniger soviel keine/keine ... mehr zuviel wieviel

Nach Mengenausdrücken steht das Nomen im **Plural**, wenn es **zählbare** Dinge bezeichnet.
Es steht im **Singular**, wenn es **nicht zählbare** Dinge bezeichnet.

Anmerkung: Wird die Gruppe Mengenausdruck + *de* + Nomen durch einen Relativsatz erweitert, so gilt folgender Artikelgebrauch:

Donne-lui **une bouteille de vin.**	... eine Flasche Wein.
Donne-lui **une bouteille du vin que** tu as acheté hier.	... eine Flasche von dem Wein, den du ...
Donne-lui **la bouteille de vin que** tu as achetée hier.	... die Flasche Wein, die du ...

2. **De** + Nomen **mit bestimmtem Artikel** steht nach folgenden Mengenausdrücken:

une partie de la classe/**des** élèves	une partie du/de la/des + N	ein Teil
la plus grande partie de la classe/ **des** élèves	la plus grande partie du/ de la/des + N	der größte Teil
la moitié du gâteau/**des** invités	la moitié du/de la/des + N	die Hälfte
la plupart des délégués	la plupart des + N	die meisten
la majorité des personnes interrogées	la majorité des + N	die Mehrheit
Où est **le reste de l'**argent?	le reste du/de la/des + N	der, die, das übrige ...

Anmerkung: Auch nach *bien de* steht das Nomen mit dem bestimmten Artikel:

Bien des gens croient aux horoscopes.	bien des + Nomen Plural	sehr viele
Cela m'a fait **bien du** souci/**bien de la** peine.	bien du/de la + Nomen Sing.	sehr viel.

⚠ Das Verb kann sich im Numerus nach dem Mengenausdruck oder nach der *de*-Ergänzung richten:
La plus grande partie des élèves était malade/étaient malades.
Nach *la plupart des* + N und *bien des* + N steht das Verb immer im Plural.

19 Der Gebrauch der Artikel bei der prädikativen Ergänzung

1. Oppède et Gordes **sont des villages** de Provence.	... sind Dörfer in der Provence.
Gordes est devenu **un centre touristique.**	... ist ein Touristenort geworden.
C'est **le domicile** du peintre Vasarely.	... ist der Wohnort ...
Ça, c'est **de la lavande** que j'ai cueillie là-bas.	Das ist Lavendel, ...

Nach den Verben **être, devenir, rester** u.a. steht das Nomen **mit** einem der drei **Artikel.**

2. Anna et Luc sont	étudiants.	... sind Studenten.
Ils veulent devenir	chimistes.	Sie wollen Chemiker werden.
Luc est	Français/protestant.	... ist Franzose/evangelisch.
Anna est	Italienne/socialiste.	... ist Italienerin/Sozialistin.
Aber:		
M. Martin est **un excellent**	chirurgien.	... ist **ein hervorragender** Chirurg.
M. Martin est **le**	médecin **de mon père.**	... ist **der** Arzt **meines Vaters.**
M. Martin est **le**	chirurgien **qui l'a opéré.**	... ist **der** Arzt, **der ihn operiert hat.**

Wie im Deutschen steht nach *être, devenir* und einigen anderen Verben das Nomen
- **ohne Artikel**, wenn es **Angaben zur Person** eines Menschen bezeichnet, z.B. Beruf, Staatsangehörigkeit, Religionszugehörigkeit oder politische Einstellung;
- **mit dem Artikel**, wenn es **näher bestimmt** ist, z.B. durch ein Adjektiv, eine *de*-Ergänzung, einen Relativsatz.

3. Anna, **c' est**	**une**	Italienne.	wörtl.: Anna, **das ist** eine Italienerin.
Anna et Luc, **ce sont**	**des**	étudiants.	..., **das sind** Studenten.
Mme Curie, **c' était**	**une**	Polonaise.	..., **das war** eine Polin.
Oppède **n'est pas** devenu	**un**	centre touristique.	... ist kein Touristenort geworden.
c' est resté	**un**	trou perdu.	
Ça, ce **n'est pas**	**de la**	lavande,	Das ist kein Lavendel,
c' est	**du**	romarin.	das ist Rosmarin.

Mit dem Artikel steht das Nomen
- nach **c'est/c'était** und **ce sont/c'étaient** sowie
- im **verneinenden Satz.**

⚠ Nach **verneintem être** steht **kein** partitives *de*!

Unterscheide: Yves est **ingénieur diplômé**. ... Diplomingenieur (Berufsbezeichnung)
Yves est **un** ingénieur **très doué**. ... ein sehr begabter Ingenieur.
C' est **un** ingénieur diplômé.

0 Der Gebrauch der Artikel beim direkten Objekt in verneinenden Sätzen

1. Bejahender Satz	Verneinender Satz
Luc aime beaucoup **les** films policiers. Oui, j'apprends **le** latin (Latein). Bon, je vais faire **la** vaisselle.	Mais il **n'** aime **pas les** westerns. Mais je **n'** apprends **pas le** grec (Griechisch). Mais je **ne** ferai **pas les** courses.

- In den Fällen, in denen das direkte Objekt im bejahenden Satz den **bestimmten Artikel** bei sich hat, wird es auch im verneinenden Satz mit dem **bestimmten Artikel** konstruiert.

2. Bejahender Satz	Verneinender Satz
Luc fait encore **du** tennis. Il veut s'acheter **une** voiture. On va avoir **des** problèmes. Luc m'écrit toujours **des** cartes postales.	Mais il **ne** fait **plus** **de** volley. Il **ne** veut **plus** **de** moto. Mais on **n'** aura **pas** **de** problèmes sérieux. Il **ne** m'écrit **jamais** **de** lettres.

- In den Fällen, in denen das direkte Objekt im bejahenden Satz mit dem **Partitiv** oder mit dem **unbestimmten Artikel** konstruiert wird, steht im verneinenden Satz **partitives de**.

Aber: Kein partitives *de* steht 1. nach verneintem *être* (vgl. **19**, 3)!
2. wenn das direkte Objekt im bejahenden Satz ohne Artikel steht, z. B.

Jean **a** **peur** du chien. | Jean **a** toujours **soif**.
Anne n'**a** pas **peur** des animaux. | Il n'**a** jamais **faim**. (Vgl. auch **22**.)

1 Der Gebrauch der Artikel nach Präpositionen

Mes cousins ont fait un voyage **autour du** monde. Ils sont revenus **avec des** photos sensationnelles, qu'ils veulent vendre **à des** agences (Agenturen).	• Nach Präpositionen steht das Nomen grundsätzlich **mit** dem Artikel (oder einem anderen Begleiter).
Aber: être **sans argent** — une lettre pleine **de fautes** **sans travail** — avoir besoin **de conseils** **sans amis** — manquer **de courage** une montre **en or** — rêver **de voyages** agir **en ami** — pleurer **de joie**	• Nach den Präpositionen **sans, en** und **de** **entfallen** der Partitiv und der unbestimmte Artikel Plural vor dem folgenden Nomen.

Unterscheide:

1. Ils veulent vendre des photos { **aux** agences **parisiennes**. ... an die Pariser (= bestimmte) Agenturen.
   { **à des** agences. ... an (irgendwelche) Agenturen.
2. Je n'ai pas besoin { **des** conseils **de Pierre**. **des** (<de + les) (conseils de Pierre).
   { **de** conseils. **de**, weil (de + des) (conseils) nicht möglich ist.

Auf *de* kann **kein du/de la/de l'** oder **des** folgen.

Zum Artikel bei Ländernamen vgl. **12**; in erweiterten Nominalgruppen vgl. **15**.

22 Feste Wendungen mit und ohne Artikel

1. Wendungen mit dem bestimmten Artikel

avoir **les** yeux bleus	blaue Augen	avoir **le** temps (de …)	Zeit haben
les cheveux blonds	blonde Haare	avoir **le** téléphone	Telefon haben
le teint clair	helle Haut haben	écouter **la** radio	Radio hören
avoir **les** mains sales	schmutzige Hände haben	regarder **la** télévision	fernsehen
avoir **l'** air content/triste	zufrieden/traurig aussehen	sentir **l'** ail [laj]/ **le** poisson	nach Knoblauch/ nach Fisch riechen

⚠ **Verneinung:** Elle **n'**a **pas les** yeux bleus.
Elle **n'**a **pas l'**air contente.

On **n'**a **pas le** temps d'attendre.
On **n'**a **pas le** téléphone (vgl. auch **20**).

Anmerkung: 1. In Wendungen vom Typ *avoir* + Artikel + Nomen + Adjektiv kann das Nomen, das einen Körperteil bezeichnet, auch mit dem unbestimmten Artikel stehen, aber nur, wenn das Adjektiv eine **dauernde** Eigenschaft bezeichnet, also:

avoir **les** yeux bleus oder avoir **des** yeux bleus
avoir **les** cheveux bruns avoir **des** cheveux bruns.

Aber nur: avoir **les** mains **sales/les** yeux **rouges** u. a. **vorübergehende** Eigenschaften.

2. Der unbestimmte Artikel steht auch, wenn das Adjektiv dem Nomen vorangeht. – Unterscheide:

avoir **les** yeux **bleus** – **Aber:** avoir **de(s) beaux** yeux
avoir **les** mains **sales** avoir **de(s) petites** mains.

2. Avoir + Nomen ohne Artikel

		Aber (mit Erweiterung):	
avoir peur	Angst haben	avoir **une** peur **panique**	
avoir faim/soif	Hunger/Durst haben	avoir **une** faim **de loup**	einen Bärenhunger …
avoir envie de (faire) qc	Lust haben	avoir **une grande** envie de	
avoir confiance en qn	Vertrauen haben	avoir **une** confiance **totale** en qn	
avoir mal **à** la tête/ mal **à** la gorge	Kopfschmerzen/ Halsschmerzen haben	avoir **un** mal terrible à faire qc	furchtbare Schwierigkeiten haben …
		avoir **le** mal **de** mer	seekrank sein

⚠ **Verneinung:** Je **n'**ai **pas** peur/faim/soif.

Je **n'**ai **pas** eu **le** mal de mer.

3. Sonstige Verben + Nomen ohne Artikel

		Aber:	
perdre patience	die Geduld verlieren	avoir **de la** patience	Geduld haben
perdre courage	den Mut verlieren	avoir **du** courage	Mut haben
reprendre courage	wieder Mut fassen	avoir **le** courage de faire qc	
parler (le) français	französisch sprechen	apprendre/comprendre/savoir **le** français	

⚠ **Verneinung:** **Ne** perdez **pas** patience/courage.

Mon ami **ne** parle **pas** (le) français.

Ce garçon **n'a pas de** patience/**pas de** courage.
Il **n'a pas le** courage de conduire une moto.
Il **ne** comprend/sait **pas le** français.

3 Die Formen der Demonstrativbegleiter

1.	**Nomen im Singular**			**Nomen im Plural**	
Maskulinum	**ce** monsieur	[sə]		**ces** messieurs	[se]
	ce hasard	[sə'azar]	Zufall	**ces** hasards	[se'azar]
	cet hôtel	[sɛtɔtɛl]		**ces** hôtels	[sezɔtɛl]
	cet événement	[sɛtevɛnmɑ̃]		**ces** événements	[sezevɛnmɑ̃]
Femininum	**cette** dame	[sɛt]		**ces** dames	[se]
	cette Hollandaise	[set'ɔlɑ̃dɛz]		**ces** Hollandaises	[se'ɔlɑ̃dɛz]
	cette histoire	[sɛtistwar]		**ces** histoires	[sezistwar]
	cette explication	[sɛtɛksplikasjõ]		**ces** explications	[sezɛksplikasjõ]

Vor vokalischem Anlaut und vor stummem *h* wird die maskuline Singularform *ce* im Schriftbild zu *cet* und im Lautbild zu [sɛt]. Es besteht also kein **hörbarer** Unterschied zwischen *cet (ami)* und *cette (amie).*

2. **ce** livre-**ci**	dieses Buch hier, das Buch hier	**cette** photo-**là**	dieses/das Foto da/hier
ces disques-**ci**	diese/die Platten hier	**ces** cassettes-**là**	diese/die Cassetten da/hier

Die Demonstrativbegleiter können durch die Elemente *-ci* und *-là* erweitert werden, die an das Nomen, das sie näher bestimmen, angehängt werden (vgl. *voici – voilà*).

4 Funktion und Gebrauch der Demonstrativbegleiter

1. Die **Demonstrativbegleiter** haben im Französischen die gleiche Funktion wie im Deutschen.

- Sie verweisen zusammen mit einem Nomen auf Lebewesen und Dinge, die sich in **räumlicher** oder **zeitlicher Nähe** des **Sprechers** befinden. – Beispiele:

  Est-ce que vous connaissez **ce monsieur?** — Kennen Sie diesen Herrn?
  Tu peux ouvrir **cette bouteille?** — … diese Flasche?
  Cet été, il a fait très chaud. — Diesen Sommer …
  J'ai vu Jacques **ce matin.** — … heute morgen …

- Sie verweisen zusammen mit einem Nomen auf Personen oder Sachen, die im Text **bereits erwähnt** wurden. – Beispiel:

  La police recherche **Jacques Duval. Cet homme** aurait volé de nombreuses voitures.

2. An das durch einen Demonstrativbegleiter bestimmte Nomen wird, besonders in der gesprochenen Sprache, häufig **-là** angehängt. Dieses *-là* steht

- im Sinne einer Zeigegeste:
  Tu vois, **cette robe-là,** elle me plaît. — … das Kleid da (hier) …
- in abwertender Bedeutung:
  Il n'a rien à faire **cet homme-là?** — … der Mann da …
- wenn zwei Dinge zur Wahl stehen:
  Tu prends **ces chaussures-là** ou les autres? — … die Schuhe da oder die anderen?

  In diesem Fall kann das Nomen, welches auf das erste verweist, durch **-ci** hervorgehoben werden:
  Ce couteau-ci ne coupe pas bien. Dieses Messer … Donnez-moi **celui-là.** … das da.

Vgl. die Demonstrativpronomen **66–67.**

Die Possessivbegleiter – Les déterminants possessifs

25 Die Formen der Possessivbegleiter

1. Die Formen der 1.–3. Person Singular (ein einziger Besitzer)

	1. Person		2. Person		3. Person
Je cherche	**mon** frère. **mon** ami. **ma** sœur. **mon** amie.	**Tu** cherches	**ton** frère? **ton** ami? **ta** sœur? **ton** amie?	**Anne** cherche **Marc** cherche **Luc** cherche **Eve** cherche	**son** frère. **son** ami. **sa** sœur. **son** amie.
J'attends	**mes** copains. **mes** ami(e)s.	**Tu** attends	**tes** copains? **tes** ami(e)s?	**Joëlle** attend **Yann** attend	**ses** copains. **ses** ami(e)s.

- Die Possessivbegleiter der 1.–3. Person **Singular** richten sich im **Numerus** (Singular oder Plural) nach dem Nomen, das sie begleiten.
- Sie richten sich auch im **Genus** (Maskulinum oder Femininum) nach dem Nomen, wenn dieses mit einem **Konsonanten** beginnt.
- Vor **femininen** Nomen im **Singular,** die mit **Vokal** oder mit **stummem h** anlauten, stehen die Formen *mon, ton, son* (z. B. *mon amie, son amie*).
- Vor vokalisch und mit stummem *h* anlautenden Nomen werden die Begleiter *mon, ton, son* und *mes, tes, ses* im Lautbild gebunden (z. B. [mõnami], [tezami]).

Anmerkung: Die Formen *mon, ton, son* stehen auch, wenn dem femininen Nomen ein vokalisch anlautendes Adjektiv vorangeht: **ma** sœur Jacqueline – aber: **mon a**utre sœur.

F/D **Abweichend vom Deutschen** richtet sich der Possessivbegleiter im Französischen auch in der 3. Person Singular ausschließlich nach dem Genus des Nomens, vor dem er steht, und **nicht,** wie im Deutschen, nach dem Geschlecht des Besitzers. – Unterscheide also:

Jean attend / **Laure** attend	**Jean** erwartet	**Laure** erwartet
son frère,	**seinen** Bruder,	**ihren** Bruder,
sa sœur,	**seine** Schwester,	**ihre** Schwester,
ses amis.	**seine** Freunde.	**ihre** Freunde.

2. Die Formen der 1.–3. Person Plural (mehrere Besitzer)

	1. Person		2. Person		3. Person
Nous attendons	**notre** groupe. **notre** classe.	**Vous** attendez	**votre** groupe? **votre** classe?	**Luc et Eve** attendent	**leur** groupe. **leur** classe.
	nos copains. **nos** ami(e)s.		**vos** copains? **vos** ami(e)s?		**leurs** copains. **leurs** ami(e)s.

- Die Possessivbegleiter der 1.–3. Person **Plural** richten sich nur im **Numerus** (Singular oder Plural) nach dem Nomen, das sie begleiten. Sie haben für Maskulinum und Femininum die gleiche Form.
- Vor vokalisch oder mit stummem *h* anlautenden Nomen werden die Pluralformen *nos, vos* und *leurs* im Lautbild gebunden.
- Die Formen *votre/vos* werden auch als Höflichkeitsformen in der Anrede benutzt:
  C'est **votre** valise? Ist das **Ihr**/euer Koffer?

Unterscheide in der 3. Person folgende Beziehungen zwischen Besitzern (•) und Besitzobjekten (▪):

Ein Besitzer – **ein** Objekt:	**Il/Elle** cherche { **son** vélo. / **sa** bicyclette	**son** + N **Sg m** **sa** + N **Sg f**
Ein Besitzer – **mehrere** Objekte:	**Il/Elle** cherche **ses** clés.	**ses** + N **Pl**
Mehrere Besitzer – **ein** Objekt:	**Ils/Elles** montent dans **leur** voiture.	**leur** + N **Sg**
Mehrere Besitzer – **mehrere** Objekte:	**Ils/Elles** montent sur **leurs** vélos.	**leurs** + N **Pl**

Anmerkung: Um mögliche Mißverständnisse im Besitzverhältnis auszuschließen, kann man der Gruppe Possessivbegleiter + Nomen *à lui/à elle* bzw. *à eux/à elles* hinzufügen:

C'est **sa** voiture **à lui.**	… **sein** Wagen.	C'est **leur** voiture **à eux.**
C'est **sa** voiture **à elle.**	… **ihr** Wagen.	C'est **leur** voiture **à elles.**

6 Funktion und Gebrauch der Possessivbegleiter

Die Possessivbegleiter haben im Französischen die gleiche **Funktion** wie im Deutschen: Sie kennzeichnen ein tatsächliches **Besitzverhältnis** oder ein allgemeines **Zugehörigkeitsverhältnis.** – Beispiele:

Passe-moi **mon sac,** s'il te plaît.	Gib mir bitte meine Tasche.
Françoise, je te présente **mon père.**	Françoise, darf ich Dir meinen Vater vorstellen?

Abweichend vom Deutschen steht im Französischen der Possessivbegleiter bei Nomen, die **Kleidungsstücke** bezeichnen. – Beispiele:

Enlève **ta** veste. Il fait chaud ici.	Zieh deine/Zieh dir die Jacke aus.
Mets **ta** jupe noire et **ton** blouson rouge.	Zieh den/deinen schwarzen Rock und den/deinen roten Blouson an.

Die indefiniten Begleiter – Les déterminants indéfinis

7 Tout

Nous avons rangé	**tout** **l'**appartement	[tu]	… die ganze Wohnung …
Nous avons fait	**toute** **la** vaisselle.	[tut]	… das ganze Geschirr …
Qui a acheté	**tous** **ces** journaux?	[tu]	… alle diese Zeitungen …?
Où avez-vous mis	**toutes** **mes** revues?	[tut]	… alle meine Zeitschriften …?

- **Tout** steht normalerweise vor einem anderen Begleiter: dem bestimmten Artikel, dem Demonstrativ- oder dem Possessivbegleiter.
- Es stimmt in Genus und Numerus mit dem Nomen, das es näher bestimmt, überein.
- Im **Lautbild** gibt es nur zwei Formen: [tu] für das Maskulinum (Singular und Plural),
  [tut] für das Femininum (Singular und Plural).

Zum indefiniten Pronomen **tout** vgl. **70.**

Merke: en tout cas — auf jeden Fall
à tout prix — unbedingt
toutes sortes de … — alle möglichen …
tous (les) deux *m* / **toutes** (les) deux *f* } (alle) beide.

des personnes de tout âge/ de toutes professions — Personen/Menschen jeglichen Alters/ aller Berufe

28 Tous les – chaque

Tous les élèves de la classe ont donné leur avis. **Alle** Schüler der Klasse …	**Chaque** élève a donné son avis personnel. **Jeder** (einzelne) Schüler …
• **Tous les/toutes les** + Nomen bezeichnet **alle insgesamt.**	• **Chaque** + Nomen bezeichnet **jeden einzelnen.**

Zu *chacun* vgl. **71.**

29 Certains; différents; plusieurs; quelques; un certain

La réunion a duré	**plusieurs**	jours.	plusieurs	+ N Pl	mehrere
J'y ai rencontré	**quelques**	amis.	quelques	+ N Pl	einige
On a pu parler à	**différents**	candidats/	différents }	+ N Pl	verschiedene
à	**différentes**	personnes.	différentes }		
Il y a eu une vive discussion à propos de	**certains**	projets/	certains }	+ N Pl	gewisse
	certaines	décisions.	certaines }		
Un certain M. Dubois }	a fait des propositions		un certain }	+ N Sg	ein gewisser
Une certaine Mme Dubois }	intéressantes.		une certaine }		eine gewisse

⚠ 1. **Plusieurs** und **quelques** haben nur eine Form für Maskulinum und Femininum.
2. Bei **certains, différents, plusieurs** und **quelques** steht **kein** partitives *de* und **kein** unbestimmter Artikel Plural: Au marché aux puces, il y avait **plusieurs** vieux tapis et **différents** meubles anciens.

30 Ne … aucun; ne … pas un (seul)

Je **n'ai** vu **aucune**	église romane }	dans cette ville.	… keine (einzige) romanische Kirche.
Je **n'ai pas** vu **une seule**	église romane }		
Aucune	église }	**ne** m'a plu.	Keine (einzige) Kirche …
Pas une seule	église }		

- **Aucun/aucune** und **pas un (seul)/pas une (seule)** stehen nur vor Nomen im Singular.
- Sie verbinden sich in der geschriebenen und in der förmlichen gesprochenen Sprache mit dem Verneinungselement **ne.**
- Das Verneinungselement **ne** steht immer vor dem konjugierten Verb.
- **Aucun** + Nomen und **pas un (seul)** + Nomen können in der Funktion des Subjekts (am Satzanfang) oder eines Objekts (nach dem Verb) stehen.

Zu den entsprechenden Pronomen vgl. **73.**

⚠ Beachte die Stellung der Verneinungselemente in den zusammengesetzten Formen:
On **n'**a **pas** vu **une seule** église romane. On **n'**avait **pas** visité **un seul** musée.
On **n'a** vu **aucune** église romane. On **n'**avait visité **aucun** musée.

Der Interrogativbegleiter « quel » – Le déterminant interrogatif *quel*

	Nomen im Singular			Nomen im Plural		
	Vous prenez			Vous prenez		
Maskulin	**quel** livre?	[kɛl]	welches …?	**quels** livres?	[kɛl]	welche …?
	quel exemple	[kɛl]		**quels**‿exemples?	[kɛlzɛgzɑ̃pl]	
Feminin	**quelle** valise?	[kɛl]	welchen …?	**quelles** valises?	[kɛl]	welche …?
	quelle armoire?	[kɛl]		**quelles**‿armoires?	[kɛlzarmwar]	

- Der Interrogativbegleiter **quel** richtet sich im **Schriftbild** in Genus und Numerus nach dem Nomen, das er begleitet.
- Im **Lautbild** hat er nur zwei Formen: [kɛl] und
  [kɛlz] vor vokalisch anlautenden Nomen Plural.

Beachte: *Quel* kann auch prädikativ (mit *être*) verwendet werden.
Es richtet sich dann ebenfalls in Numerus und Genus nach dem Nomen, auf das es sich bezieht:
Quelle est **la cassette** de Pierre? **Quels** sont **les disques** de Nicole?

Wendungen mit **quel** und ihre deutschen Entsprechungen:

Quel âge avez-vous?	Wie alt sind Sie?
Quel est votre nom?	Wie heißen Sie?
Quelle est votre taille?	Wie groß sind Sie?
Quelle est votre adresse?	Wie ist Ihre Anschrift?
Quelle heure est-il?	Wieviel Uhr (Wie spät) ist es?
Vous habitez à quel étage?	Im wievielten Stock wohnen Sie?
Quel jour sommes-nous aujourd'hui?	Was für einen Tag haben wir heute?

Quel wird auch als **Ausrufebegleiter** verwendet.
Es entspricht dann dem deutschen ‚was für ein': *Quel match! Quelle surprise!*

Vergleiche die Interrogativpronomen **74–75.**

Kapitel 3: Das Adjektiv – L'adjectif

32 Die grammatischen Eigenschaften des Adjektivs

1. Das französische Adjektiv hat im Satz die gleichen Funktionen wie das deutsche.
   - Das Adjektiv kann eine **Nominalgruppe** erweitern:

     Ils habitent une **grande** ville, une ville **importante.**

     In diesem Fall spricht man vom **attributiven Adjektiv** (adjectif **épithète**).
   - Das Adjektiv kann eine **Verbalgruppe** bilden mit Verben wie *être, devenir, sembler, rester:*

     Cette ville **est (devenue) grande.** Elle **semble importante.**

     In diesem Fall ist das Adjektiv Bestandteil des **Prädikats.**
     Man bezeichnet es daher als **prädikatives Adjektiv** (adjectif **attribut**).

2. Das Adjektiv stimmt mit dem Nomen, das es näher bestimmt, in Genus und Numerus überein:

   Eric a acheté **un** journal **allemand**
   et **une** revue **allemande.**

   De temps en temps, il lit **des** journaux **allemands**
   et **des** revues **allemandes.**

F/D 3. Abweichend vom Deutschen stehen im Französischen die meisten attributiven Adjektive **nach** dem Nomen, z. B.

   une chanson **française;** un conseil **amical.**

   Nur wenige Adjektive stehen grundsätzlich vor dem Nomen, z. B.
   une **belle** chanson; un **bon** conseil. (Vgl. **41–43.**)

33 Die Angleichung des Adjektivs – L'accord de l'adjectif

Attributives Adjektiv		**Prädikatives Adjektiv**	
un petit village **une** petit**e** ville	ein klein**es** Dorf eine kleine Stadt	**Ce** village est petit. **Cette** ville est petit**e.**	... ist klein.
les petit**s** village**s** **des** petit**es** ville**s**	die klein**en** Dörfer kleine Städte	**Ces** village**s** sont petit**s.** **Ces** ville**s** sont petit**es.**	... sind klein.
des villes **et des** villages inconnu**s**	unbekannte ...	**Ces** villes **et ces** villages sont petit**s.**	... sind klein.

F/D
- Abweichend vom Deutschen richtet sich nicht nur das attributive, sondern auch das **prädikative** Adjektiv in Genus und Numerus nach dem Nomen, das es näher bestimmt.
- Bezieht sich ein Adjektiv auf **mehrere Nomen mit verschiedenem Genus,** so steht das Adjektiv in der **maskulinen Form Plural.**

⚠ **Vergleiche: Yann, Annick** et **Simone** (= ils) sont **gentils.**
Annick et **Simone** (= elles) sont **gentilles.**

Die Formen des Adjektivs

Maskulinum und Femininum – Le masculin et le féminin

4 Adjektive mit nur einer Form in Lautbild und Schriftbild

Über 50% der Adjektive haben in **Lautbild und Schriftbild** nur **eine Form** für Femininum und Maskulinum: Sie enden im **Schriftbild** immer auf *-e*.

un	livre	moderne	
une	maison	moderne	[mɔdɛrn]
un	homme	riche	
une	femme	riche	[riʃ]

Ebenso u. a.:

aimable	liebenswürdig	immense	riesig
bête	dumm	sévère	streng
brusque	unvermittelt	stupide	dumm
extrême	äußerste(r)	tranquille	ruhig

5 Adjektive mit nur einer Form im Lautbild und zwei Formen im Schriftbild

Die Adjektive dieser Gruppe haben für Maskulinum und Femininum im **Lautbild** die gleiche Form. Im **Schriftbild** wird das Femininum durch ein **-e** gekennzeichnet.

		Schriftbild	Lautbild
un	ciel	**bleu**	
une	mer	**bleue**	[blø]
un	conseil	**amical**	
une	lettre	**amicale**	[amikal]
un	cheval	**noir**	
une	étoffe	**noire**	[nwar]
un	exemple	**correct**	
une	phrase	**correcte**	[kɔrɛkt]

Ebenso u. a.:

gai,e	joli,e		absolu,e	
vrai,e	poli,e	höflich	nu,e	nackt
banal,e	national,e		tropical,e	tropisch
spécial,e	brutal,e		commercial,e	
clair,e		hell, klar	majeur,e	volljährig
dur,e		hart	meilleur,e	besser
direct,e			intact,e	
strict,e		streng, genau	compact,e	

Zu dieser Gruppe gehören auch die adjektivisch gebrauchten Participes passés auf *-é, -i, -u:*

un	magasin fermé	**un**	pull bien choisi	**un**	objet perdu		
une	porte fermé**e**	**une**	robe bien choisi**e**	**une**	clé perdu**e.**		

Anmerkung: Einige Adjektive auf *-eur* bilden die feminine Form auf *-euse,* z. B.

ment**eur**		flatt**eur**		moqu**eur**	
ment**euse**	verlogen	flatt**euse**	schmeichelhaft	moqu**euse**	spöttisch.

⚠ Adjektive mit besonderer Schreibweise

		Schriftbild	Lautbild
un	garçon	**naturel**	[natyrɛl]
une	fille	**naturelle**	[natyrɛl]

Ebenso u. a.:

	cruel,le	grausam
sensationnel,le	réel,le	wirklich
culturel,le	pareil,le	ähnlich

sowie cher / chère } [ʃɛr] lieb, teuer | fier / fière } [fjɛr] stolz | public / publi**que** } [pyblik] öffentlich.

36 Adjektive mit zwei Formen in Lautbild und Schriftbild

1. Adjektive mit stummem Endkonsonanten im Maskulinum und hörbarem Endkonsonanten im Femininum

Schriftbild			Lautbild
un	**petit**	village	[p(ə)ti]
une	**petite**	maison	[p(ə)tit]
un	mot	**français**	[frɑ̃sɛ]
la	langue	**française**	[frɑ̃sɛz]
un	repas	**chaud**	[ʃo]
de	l'eau	**chaude**	[ʃod]
un	récit	**court**	[kur]
une	lettre	**courte**	[kurt]

Ebenso u. a.:

étroit,e	eng	étonnant,e	erstaunlich
immédiat,e	unmittelbar	intelligent,e	
anglais,e	englisch	gris,e	grau
mauvais,e	schlecht	surpris,e	überrascht
froid,e	kalt	allemand,e	
profond,e	tief	laid,e	häßlich
vert,e	grün	lourd,e	schwer
fort,e	stark	divers,e	verschieden

Adjektive mit besonderer Schreibweise

Schriftbild			Lautbild
un	repas	**complet**	[kõplɛ]
une	phrase	**complète**	[kõplɛt]
un	garçon	**sérieux**	[serjø]
une	fille	**sérieuse**	[serjøz]
un	**gros**	camion	[gro]
une	**grosse**	voiture	[gros]
un	pull	**blanc**	[blɑ̃]
une	robe	**blanche**	[blɑ̃ʃ]

Ebenso u. a.:		**Aber:**	
secret,-ète	geheim	muet	
inquiet,-ète	besorgt	mue**tte**	stumm
curieux,-se	neugierig	harmonieux,-se	harmonisch
ambitieux,-se	ehrgeizig	jaloux,-se	eifersüchtig
bas, basse	niedrig	fau**x,** fausse	falsch
épais, épaisse	dick, dicht	dou**x,** douce	süß; sanft
fran**c**	frei-	frais	frisch
fran**che**	mütig	fra**îche**	

und, mit geöffnetem Endvokal im Femininum,

le	pays	**entier**	[ɑ̃tje]
la	ville	**entière**	[ɑ̃tjɛr]

premier,-ière	étranger,-ère	ausländisch, fremd
dernier,-ière	léger,-ère	leicht u. a.
particulier,-ière		

sowie long [lõ] | gentil [ʒɑ̃ti]
longu**e** [lõg] | genti**lle** [ʒɑ̃tij].

Beachte die Bindung: un petit‿avion; un mauvais‿exemple; un grand‿artiste [grɑ̃tartist].

2. Adjektive, die im Maskulinum auf Nasalvokal ausgehen, im Femininum auf entnasalierten Vokal + [n]

Schriftbild	Lautbild	Schriftbild	Lautbild	Schriftbild	Lautbild
vendredi **prochain**	[prɔʃɛ̃]	le village **voisin**	[vwazɛ̃]	du tabac **brun**	[brɛ̃]
la semaine **prochaine**	[prɔʃɛn]	la ville **voisine**	[vwazin]	une peau **brune**	[bryn]

Ebenso u. a.:

certain,e	mexicain,e	divin,e	göttlich	commun,e	allgemein
américain,e	plein,e	fin,e	fein		gemeinschaftlich

Aber mit Doppel-n im Femininum:

		Schriftbild	Lautbild
un	pays	**européen**	[-eɛ̃]
la	culture	**européenne**	[-eɛn]
l'	art	**italien**	[italjɛ̃]
la	mode	**italienne**	[italjɛn]

Ebenso u. a.:		**sowie:**	
moyen,**ne**	mittelmäßig	bon,ne	gut
		breton,ne	bretonisch
ancien,**ne**	alt; ehemalig	piéton,ne	Fußgänger-
autrichien,**ne**	österreichisch	paysan,ne	bäuerlich

⚠ Vor vokalisch anlautenden maskulinen Nomen werden diese Adjektive mit [-n-] gebunden. Sie haben dann das gleiche **Lautbild** ohne Nasal wie die feminine Form. – Vergleiche:

une bonne amie	} [bɔnami]		une ancienne élève	} [ɑ̃sjɛnelɛv]	
un bon‿ami			un ancien‿élève		
un certain‿âge	[sɛrtɛnaʒ]		le Moyen‿Age	[mwajɛnaʒ]	Mittelalter

3. Adjektive mit verschiedenen Endkonsonanten im Maskulinum und Femininum

	Schriftbild	Lautbild
un homme	**actif**	[aktif]
une vie	**active**	[aktiv]

Ebenso u. a.:		
neuf, neuve	vif, vive	lebhaft
bref, brève	définitif,-ve	endgültig
naïf, naïve	compréhensif,-ve	verständnisvoll

sowie sec [sɛk], **sèche** [sɛʃ] trocken.

7 Zusammenfassung

Vom **Schriftbild** her gesehen, kann man die Bildung der femininen Form der Adjektive wie folgt zusammenfassen:

1. Im **Normalfall** wird die feminine Form durch **Anhängen von -e** an die maskuline Form gebildet **(36)**:

		Dabei verändert sich in vielen Fällen das **Lautbild**
a) un pull **bleu** une chemise **bleue**	un conseil **amical** une lettre **amicale**	
b) un livre **français** une revue **française**	un **petit** garçon une **petite** fille	• durch Hörbarwerden des Endkonsonanten (**36,**1) oder
c) le village **voisin** la ville **voisine**		• durch Entnasalierung des Endvokals in der femininen Form (**36,** 2).

2. Bei einer Reihe von Adjektiven treten **weitere Veränderungen** ein:

a) **Verdoppelung des Endkonsonanten**

Beispiele	m	f	**Weitere Adjektive**
naturel – natu**relle**	-el	-e**lle**	vgl. **35**
gentil [-i] – genti**lle**	-il	-i**lle**	**36,1**
européen – europée**nne**	-en	-e**nne**	**36,2**
bon – bo**nne**	-on	-o**nne**	**36,2**
muet – mue**tte**	-et	-e**tte**	**36,1**
gros – gro**sse**	-s	-**sse**	**36,1**

b) **-è- im Femininum**

Beispiele		m	f	**Weitere Adjektive**
complet	– compl**è**te	-et	-**è**te	vgl. **36,1**
cher	– ch**è**re	-er	-**è**re	**35**
entier	– enti**è**re	-ier	-i**è**re	**36,1**

c) **Veränderung des Endkonsonanten**

acti**f**	– acti**ve**	**-f**	**-ve**	vgl. **36,3**
sérieu**x**	– sérieu**se**	**-x**	**-se**	**36,1**
fau**x**	– fau**sse**	**-x**	**-sse**	**36,1**
dou**x**	– dou**ce**	**-x**	**-ce**	**36,1**
blan**c**	– blan**che**	**-c**	**-che**	**36,1**
publi**c**	– publi**que**	**-c**	**-que**	**35**
s**ec**	– s**èche**	**-ec**	**-èche**	**36,3**
fr**ais**	– fr**aîche**	**-ais**	**-aîche**	**36,1**

38 Die Adjektive «**beau**», «**nouveau**» und «**vieux**»

Schriftbild	**Lautbild**	**Schriftbild**	**Lautbild**	**Schriftbild**	**Lautbild**
un **beau** village	[bo]	un **nouveau** lycée	[nuvo]	un **vieux** monsieur	[vjø]
un **bel**‿hôtel	[bɛl]	un **nouvel**‿ami	[nuvɛl]	un **vieil**‿homme	[vjɛj]
une **belle** chambre		une **nouvelle** classe		une **vieille** dame	

- Die Adjektive *beau, nouveau* und *vieux* haben eine zweite maskuline Form im Singular: *bel, nouvel, vieil.*
- Diese Formen stehen nur **vor maskulinen** Nomen mit **vokalischem** Anlaut oder mit stummem *h*. Sie haben das gleiche **Lautbild** wie die femininen Formen *belle, nouvelle, vieille.*

⚠ Die Singularformen *bel, nouvel* und *vieil* stehen **nicht nach** dem Nomen und **nicht** bei **prädikativem** Gebrauch. – Also: un **vieil** homme; **Aber: un** homme **vieux** de 80 ans;
Cet homme **est** déjà **vieux** (prädikativer Gebrauch).

39 Singular und Plural – Le singulier et le pluriel

Wie die Nomen kennzeichnen die meisten Adjektive den Plural nur im **Schriftbild.**
Die meisten Pluralformen haben daher dasselbe **Lautbild** wie die entsprechenden Singularformen.

1. Pluralmarkierung des Adjektivs nur im Schriftbild

Schriftbild	**Lautbild**	**Schriftbild**	**Lautbild**	
un **grand** garçon de(s) **grands** garçons	[grɑ̃]	une **grande** fille de(s) **grandes** filles	[grɑ̃d]	Im **Schriftbild** wird der Plural normalerweise durch ein **-s** gekennzeichnet.
un **beau** jour de(s) **beaux** jours	[bo]	une **belle** surprise de(s) **belles** surprises	[bɛl]	**Maskuline** Singularformen auf **-eau** erhalten im Plural ein **-x** (wie Nomen, vgl. **5**).
un **gros** souci de(s) **gros** soucis un homme **sérieux** des hommes **sérieux**	[gro] [serjø]	une **grosse** valise de(s) **grosses** valises une fille **sérieuse** des filles **sérieuses**	[gros] [serjøz]	**Maskuline** Singularformen auf **-s** und **-x** erhalten **kein** Pluralzeichen. – Vergleiche: le cours – les cours la croix – les croix (vgl. **5**).

2. Pluralmarkierung in Schriftbild und Lautbild

	Schriftbild	Lautbild	
un conseil	**amical**	[amikal]	Die meisten Adjektive auf **-al,e** [-al] bilden den Plural • im **Maskulinum** auf **-aux** [-o],
des conseils	**amicaux**	[amiko]	
une lettre	**amicale**	[amikal]	• im **Femininum** auf **-ales** [-al]. (Vgl. Nomen, **6.**)
des lettres	**amicales**	[amikal]	

Ebenso u. a.:
idéal,-aux
brutal,-aux
national,-aux
moral,-aux — moralisch
principal,-aux — hauptsächlich
tropical,-aux — tropisch

Besonderheiten bei der Angleichung einiger Adjektive

1. **Farbadjektive** sind normalerweise veränderlich. Sie sind jedoch **unveränderlich,**
   - wenn sie **adjektivisch gebrauchte Nomen** sind oder
   - wenn sie durch einen **Zusatz** näher bestimmt sind.

   Unterscheide also:

des anoraks vert**s,** des cahiers jaunes	Normale Farbadjektive
des anoraks **olive,** des cahiers **orange**	Adjektivisch gebrauchte Nomen
des anoraks **vert bouteille** (flaschengrün)	Durch Zusatz näher bestimmte Adjektive
des cahiers **bleu ciel/rouge foncé** (dunkelrot)	

2. **Unveränderlich** sind die Bezeichnungen der **Himmelsrichtungen** *nord, sud, est* und *ouest:*
   la côte **est/nord** de la Corse | les peuples **sud**-américains
   la partie **sud** de notre ville | les pays **ouest**-européens.

3. **Unveränderlich** sind die **Adjektive auf -o** bei zusammengesetzten Adjektiven sowie **verkürzte Adjektive,** z. B.
   l'amitié **franco**-allemande | des disques **pop**
   des villes **gallo**-romaines | des personnes **sympa.**

4. **Unveränderlich** ist die Wendung *bon marché:* des meubles **bon marché.**

5. *Chic* hat keine feminine Form, kann aber ein Plural-*s* haben: des robes **chic(s).**

Die Stellung des attributiven Adjektivs – La place de l'adjectif épithète

Grundsätzliches zur Stellung des Adjektivs

Abweichend vom Deutschen kann im Französischen das attributive Adjektiv **vor oder nach** dem Nomen stehen: un **grand** hôtel – un hôtel **moderne.**

Dabei ist folgende Verteilung erkennbar:

- Die **meisten** Adjektive stehen **nach** dem Nomen:
  des yeux **bleus** – une voiture **française** – un texte **facile** – la main **gauche.** (Vgl. **42.**)
- Eine kleine Anzahl von Adjektiven steht grundsätzlich **vor** dem Nomen:
  une **petite** fille – une **belle** voiture – un **grand** auteur – une **haute** tour. (Vgl. **43.**)
- Einige Adjektive stehen, je nach ihrer Bedeutung, **vor oder nach** dem Nomen:
  le **dernier** train — der letzte Zug
  la semaine **dernière** — vorige Woche. (Vgl. **44.**)
- Adjektive, die eine nominale Ergänzung bei sich haben, stehen **nach** dem Nomen:
  une **haute** tour; **aber:** une tour **haute de 30 mètres.** (Vgl. **42.**)

42 Nachstehende Adjektive

la main **droite/gauche** un train **régulier/spécial/rapide** un cas **normal/particulier** un texte **facile/difficile** un homme **aimable/insupportable** une porte **ouverte/fermée** sa jupe **blanche/verte/grise** une table **ronde/carrée** (viereckig) la religion **catholique/protestante** la langue **française/allemande** un pays **socialiste/démocratique**	Die **nach** dem Nomen stehenden Adjektive informieren über **unterscheidende Kennzeichen** und Eigenschaften. Solche Kennzeichen sind z. B. • Farben • äußere Formen • Religionszugehörigkeit • Nationalität • politische Zugehörigkeit.

Nach dem Nomen stehen auch

- **Participes passés:**
  une porte **ouverte,**
  des objets **disparus;**
- **Adjektive,** die durch eine Ergänzung **näher bestimmt** sind:
  une ville **vieille de 500 ans.**

43 Voranstehende Adjektive

Vor dem Nomen stehen in der Regel die folgenden häufig gebrauchten kurzen Adjektive:

un **grand**	arbre	grand,e	groß,	un **beau**	visage	beau,bel	schön
une **grande**	influence	↕	bedeutend	un **bel**	homme	belle	
un **petit**	village	petit,e	klein,	une **belle**	femme		
une **petite**	faute		unbedeutend	une **jolie**	voix	joli,e	hübsch
un **jeune**	chien	jeune	jung	un **gros**	livre	gros,se	dick,
une **jeune**	femme	↕		une **grosse**	voiture		groß,
un **vieux**	mur	vieux, vieil,	alt,	une **grosse**	faute		bedeutend
un **vieil**	ami	vieille	langjährig	une **haute**	tour	haut,e	hoch
une **vieille**	maison			un **haut**	fonctionnaire		hochgestellt
une **bonne**	action	bon,ne	gut				
le **bon**	chemin	↕	richtig				
de **mauvaise**	qualité	mauvais,e	schlecht				
un **mauvais**	tour		böse	**Aber:**			
la **mauvaise**	direction		falsch	une femme **laide** (häßlich)			

H Wenn diesen Adjektiven ein anderes Adverb als *très* vorangeht, stehen sie in der Regel nach dem Nomen:
un chien **encore jeune;** une femme **extrêmement belle;** une voix **particulièrement jolie.**
Aber: une **très belle** femme/une femme **très belle;** un **très mauvais** exemple/un exemple **très mauvais.**

Anmerkung: Normalerweise nachstehende Adjektive werden auch vorangestellt, wenn sie eine subjektive Einschätzung oder eine erwartete Eigenschaft ausdrücken. – Vergleiche:

Dans cet hôtel, il y a un personnel **aimable** (= unterscheidende Eigenschaft)
votre **aimable** lettre du 15 avril ... (= Routineformel in Geschäftsbriefen).

Diese Voranstellung findet man besonders häufig in der Sprache der Medien. – Beispiel:

Le candidat républicain a remporté
une **écrasante** victoire (Le Monde). ... einen überwältigenden Sieg ...

4 Adjektive mit wechselnder Bedeutung bei Voran- und Nachstellung

ancien	l'**ancien** maire	ehemalig	une maison **ancienne**	sehr alt
certain	**certains** problèmes	gewiß	des informations **certaines**	sicher, verläßlich
	certaines personnes	manche		
cher	**Cher** Olivier	Lieber …	une voiture **chère**	teuer
dernier	le **dernier** train	letzter	la semaine **dernière**	vorig
nouveau	un **nouvel** anorak	neu, anderer	une musique **nouvelle**	neuartig
pauvre	le **pauvre** malade	bedauernswert	les gens **pauvres**	arm
propre	ta **propre** faute	eigen	un hôtel **propre**	sauber
vrai	un **vrai** problème	wirklich, regelrecht	une histoire **vraie**	wahr, nicht erfunden

Unterscheide:

un drôle de livre **une drôle d'** histoire **des drôles de** dessins	seltsam, komisch	– un livre **drôle** – une histoire **drôle** – des dessins **drôles**	lustig
un **court** moment	**zeitlich** kurz	– une jupe **courte**	**räumlich** kurz
un **long** voyage	**zeitlich** lang	– une jupe **longue**	**räumlich** lang
un **grand** homme	bedeutend	– un homme **grand**	groß gewachsen
un **jeune** professeur	jung (an Jahren)	– un visage **jeune**	jugendlich

5 Die Stellung zweier Adjektive beim Nomen

un hôtel **calme et pas cher** un **petit** hôtel **sympathique** une **grande et belle** rue une rue **grande et belle**	Wenn ein Nomen von **zwei** Adjektiven begleitet wird, kann jedes Adjektiv an der Stelle stehen, an der es bei Einzelgebrauch steht. Beide Adjektive können aber auch **geschlossen** dem Nomen **nachgestellt** werden.

Die Vergleichsformen des Adjektivs – Les degrés de l'adjectif

6 1. Die Bildung der Vergleichsformen

Paul est		grand.				**Positiv** (le positif)
Paul est	**aussi**	grand	**que**	sa mère.	so groß wie	**Komparativ** (le comparatif) • Gleichheit aussi…que
Il est	**plus**	grand	**que**	sa sœur Sandra,	größer als	• Überlegenheit: plus…que
mais	**moins**	grand	**que**	son père.	kleiner als	• Unterlegenheit: moins…que
M. Duc est la personne			**la plus**	grande **de** la famille.	die größte	**Superlativ** (le superlatif) • le/la/les plus … de
Sandra est la personne			**la moins**	grande.	die kleinste	• le/la/les moins … de

- Der **Komparativ** des Adjektivs wird mit den Vergleichsadverbien *aussi, plus* und *moins* gebildet.
- Der **Superlativ** wird mit den Vergleichsadverbien *le/la/les plus* bzw. *le/la/les moins* gebildet.
- Das **Bezugselement** des Vergleichs wird beim Komparativ mit **que**, beim Superlativ mit **de** angeschlossen.

Sonderformen:

un	**bon**	élève	une	**bonne**	note		bon	bonne	gut
un	**meilleur**	élève	une	**meilleure**	note		meilleur	meilleure	besser
le	**meilleur**	élève	**la**	**meilleure**	note		le meilleur	la meilleure	beste(r)

47 2. Die Stellung des Superlativs in der Nominalgruppe

Sandra est	**la**	personne	**la moins égoïste**	de sa famille.
C'est	**mon**	amie	**la plus gentille.**	
Sandra est	**la moins grande**	personne		de la famille.
C'est	**ma plus gentille**	amie.		

- Der Superlativ kann dem Nomen nachgestellt werden oder ihm vorangehen.
- Wenn er dem Nomen vorangeht, steht der Superlativ ohne Artikel, da das Nomen bereits einen Begleiter hat (hier: *la/ma*).

Anmerkung: In der Bedeutung *gering* entspricht dem Positiv *petit* der Komparativ *moindre,* in der Bedeutung *schlimm* entspricht dem Positiv *mauvais* der Komparativ *pire.* Unterscheide also:

	Ce gâteau est **plus petit** que l'autre.	... **kleiner** als der andere.
Aber:	Je n'ai pas **la moindre** idée de ce qui s'est passé.	... nicht die **geringste** Ahnung.
	Cette dictée est **la plus mauvaise** de toutes.	... das **schlechteste** von allen.
Aber:	Pour la santé, le tabac est encore **pire** que l'alcool.	... noch **schlimmer** ...

48 Adjektive und ihre Ergänzungen – Les adjectifs et leurs compléments

Eine Reihe von Adjektiven können nominale Ergänzungen oder Infinitivergänzungen bei sich haben, die mit festen Präpositionen, meist mit *de* oder *à,* angeschlossen werden. – Beispiele:

1. Adjektive mit nominaler Ergänzung

Sandra est **amoureuse de** François.
Elle est **jalouse de** moi/**de** mon succès.
Encore une lettre **pleine de** fautes!
M. Meunier est **âgé de** 80 **ans.**
Cette avenue est **large de** 35 **mètres** et **longue de** 2 **kilomètres.**
La tour Eiffel est **haute de** 320 **mètres.**
Ce professeur est **différent des** autres.
Le tabac est **nuisible à** la santé.
Ce n'est pas **conforme à** la loi.
C'est un homme **fidèle à** sa femme.
Etes-vous **fort(s) en** mathématiques?

être amoureux **de** qn	verliebt in
jaloux **de** qn/qc	eifersüchtig auf
plein **de** qc	voll von
âgé **de** ... ans	... Jahre alt
large **de** ... m	... m breit
long **de** ... km	... km lang
haut **de** ... m	... m hoch
différent **de** qn/qc	verschieden von
nuisible **à** qc	schädlich für
conforme **à** qc	entsprechend
fidèle **à** qn	treu
fort **en** qc	stark, gut in

⚠ **Unterscheide:**

différent **de** qn/qc	verschieden von	pareil **à** qc	ähnlich
synonyme **de** qc	gleichbedeutend mit	contraire **à** qc	in Widerspruch zu
caractéristique **de** qn/qc	charakteristisch für	comparable **à** qn/qc	vergleichbar mit

2. Adjektive mit nominaler Ergänzung und mit Infinitivergänzung

Anne est **certaine/sûre de son succès.** Elle est **certaine/sûre d'obtenir** une bonne note.	être certain/sûr **de** qc — gewiß/ certain/sûr **de** faire qc — sicher
Mon père était **content de moi/de mon travail.** Mon père était **content de pouvoir** compter sur moi.	content **de** qn/qc — froh/zufrieden content **de** faire qc
Nadine est **fière de son frère.** Nadine est **fière d'avoir** un frère aussi courageux.	fier **de** qn/qc — stolz fier **de** faire qc
Nous sommes **heureux de l'arrivée** de Françoise. Nous sommes **heureux de** la **revoir.**	heureux **de** qc — glücklich heureux **de** faire qc

3. Adjektive mit Infinitivergänzung

Mme Curie a été **la première** femme **à avoir** le prix Nobel, et **la seule** **à** l'**obtenir** deux fois. Jacques est toujours **le dernier à se décider.**	être le premier **à** faire qc — der erste, der … le seul **à** faire qc — der einzige, der … le dernier **à** faire qc — der letzte, der …

Unterscheide:

Cette règle est facile/difficile/impossible **à** comprendre. — Subjekt = Nominalgruppe: **à** + Inf.

Il est facile/difficile/impossible **de** la comprendre. — Subjekt = unpersönliches *il:* **de** + Inf.

Kapitel 4: Die Zahlwörter – Les numéraux

Die Grundzahlen – Les numéraux cardinaux

49 1. Die Grundzahlen von 0 bis 60

0	zéro	[zero]	10	dix	[dis]	20	vingt	[vɛ̃]
1	un, une	[ɛ̃/yn]	11	onze	[õz]	21	vingt et un/une	[vɛ̃teɛ̃/yn]
2	deux	[dø]	12	douze	[duz]	22	vingt-deux	[vɛ̃tdø]
3	trois	[trwa]	13	treize	[trɛz]	30	trente	[trɑ̃t]
4	quatre	[katr]	14	quatorze	[katɔrz]	31	trente et un/une	[trɑ̃teɛ̃/yn]
5	cinq	[sɛ̃k]	15	quinze	[kɛ̃z]	32	trente-deux	[trɑ̃tdø]
6	six	[sis]	16	seize	[sɛz]	40	quarante	[karɑ̃t]
7	sept	[sɛt]	17	dix-sept	[disɛt]	41	quarante et un/une	[karɑ̃teɛ̃/yn]
8	huit	[ɥit]	18	dix-huit	[dizɥit]	50	cinquante	[sɛ̃kɑ̃t]
9	neuf	[nœf]	19	dix-neuf	[diznœf]	60	soixante	[swasɑ̃t]

- Von der Zahl 17 an werden die Zahlen aus Zehnern und Einern gebildet.
- Der Einer 1 wird mit *et,* die übrigen Einer werden mit Bindestrich angeschlossen.

⚠ In den Zahlen 21, 31 usw. richtet sich der Einer 1 – wie der unbestimmte Artikel – im Genus nach dem ihm folgenden Nomen. – Beispiele:

un livre	vingt et **un** livres	trente et **une** minutes;	**aber:** scène **un;**
une page	vingt et **une** pages		page **un.**

Besonderheiten im Lautbild

quatre [kat(r)]	**cinq** [sɛ̃k]	**six** [sis]	**huit** [ɥit]	**dix** [dis]	**alleinstehend**
quatre francs [kat(rə)frɑ̃]	cinq francs [sɛ̃(k)frɑ̃]	six francs [sifrɑ̃]	huit francs [ɥifrɑ̃]	dix francs [difrɑ̃]	**vor** Nomen mit **Konsonant**
quatre‿ans [katrɑ̃]	cinq‿ans [sɛ̃kɑ̃]	six‿ans [sizɑ̃]	huit‿ans [ɥitɑ̃]	dix‿ans [dizɑ̃]	**vor** Nomen mit **Vokal**

H

1. Die Endkonsonanten von *sept* [sɛt] und *neuf* [nœf] werden immer gesprochen.
2. Das [f] von *neuf* wird als [v] gebunden in *neuf ans* [nœvɑ̃] und *neuf heures* [nœvœr].
3. Vor *huit* und *onze* wird nicht gebunden und nicht elidiert. – Beispiele:
   les huit/**les** onze personnes qui sont venues [leɥi/leõz]. **Ausnahme:** dix-huit [dizɥit];
   le train **de** huit heures/**de** onze heures.

0 2. Die Grundzahlen über 60

60	soixante [-s-]	**80**	**quatre-vingts** [katrəvɛ̃]	100	cent [sɑ̃]
61	soixante et un/une	81	quatre-vingt-un/une [katrəvɛ̃ɛ̃]	101	cent un/une [sɑ̃ɛ̃]
62	soixante-deux	82	quatre-vingt-deux [katrəvɛ̃dø]	110	cent dix
69	soixante-neuf	89	quatre-vingt-neuf	200	deux cents
70	**soixante-dix**	**90**	**quatre-vingt-dix**	1 000	mille [mil]
71	soixante et onze	91	quatre-vingt-onze	1 001	mille un/une
72	soixante-douze	92	quatre-vingt-douze	2 000	deux mille
79	soixante-dix-neuf	99	quatre-vingt-dix-neuf	1 000 000	un million [miljõ]

2586 deux mille cinq cent quatre-vingt-six
3 450 464 trois million**s** quatre cent cinquante mille quatre cent soixante-quatre

- Vor vokalischem Anlaut werden *quatre-vingts* und *deux/trois* etc. *cents* im Lautbild gebunden:
  quatre-vingts‿ans [katrəvɛ̃zɑ̃]; cinq cents‿ans [sɛ̃sɑ̃zɑ̃].
- *Mille* ist unveränderlich: trois mille francs; l'an deux mille.
- *Un million* ist ein Nomen (Mengenausdruck) und bildet somit einen Plural.
  Ein folgendes Nomen wird mit partitivem *de* angeschlossen:
  neuf millions **d'**habitants. (**Aber:** neuf millions cinq cent mille habitants.)

Unterscheide bei *quatre-vingt(s)* und *cent:*

- quatre-vingt**s** (personnes)/deux cent**s** (pages) — **Plural-s,** wenn **keine weitere Zahl** folgt.
- quatre-vingt-**une/deux** (personnes)/deux cent **trente** (pages) — **Kein** Plural-s bei **folgender Zahl.**
- **page** deux cent (quatre-vingt) — **Kein** Plural-s bei **vorangehendem** Nomen.

1 Die Ordnungszahlen – Les numéraux ordinaux

1er	le premier	[prəmje]	11^{e}	le, la onzième	22^{e}	le, la vingt-deuxième
1re	la première	[prəmjɛr]	12^{e}	le, la douzième	23^{e}	le, la vingt-troisième
2^{e}	le, la deuxième	[døzjɛm]	13^{e}	le, la treizième	30^{e}	le, la trentième [trɑ̃tjɛm]
$2^{nd(e)}$	le second, la seconde	[-g-]	14^{e}	le, la quatorzième	40^{e}	le, la quarantième
3^{e}	le, la troisième	[trwazjɛm]	15^{e}	le, la quinzième	50^{e}	le, la cinquantième
4^{e}	le, la quatrième		16^{e}	le, la seizième	60^{e}	le, la soixantième
5^{e}	le, la cinquième		17^{e}	le, la dix-septième	70^{e}	le, la soixante-dixième
6^{e}	le, la sixième	[sizjɛm]	18^{e}	le, la dix-huitième	80^{e}	le, la quatre-vingtième
7^{e}	le, la septième	[sɛtjɛm]	19^{e}	le, la dix-neuvième	90^{e}	le, la quatre-vingt-dixième
8^{e}	le, la huitième		20^{e}	le, la vingtième	100^{e}	le, la centième [sɑ̃tjɛm]
9^{e}	le, la neuvième		21^{e}	le, la vingt et unième	200^{e}	le, la deux centième
10^{e}	le, la dixième	[dizjɛm]		[vɛ̃teynjɛm]	1000^{e}	le, la millième [miljɛm]

Unterscheide:

son premier fils [sõprəmjefis]
son premier‿enfant [sõprəmjɛrɑ̃fɑ̃]
sa première fille [saprəmjɛrfij]

Vor vokalisch anlautenden maskulinen Nomen wird *premier* wie die feminine Form [prəmjɛr] ausgesprochen.

Abweichend vom Deutschen steht im Französischen in **Datumsangaben** und bei **Herrschernamen** die **Grundzahl,** außer bei der Zahl 1, und zwar immer ohne Punkt:

le deux/trois janvier; Napoléon III (trois); Louis XIV (quatorze);

Aber: le 1er (premier) janvier; Napoléon Ier (premier); jedoch: le 21 (vingt et un) mai.

52 **Die Bruchzahlen** – Les fractions

$\frac{1}{2}$ = un demi	$\frac{3}{7}$ = trois septièmes	$\frac{1}{4}$ Jahr = trois mois
$\frac{1}{3}$ = un tiers [tjɛr]	$\frac{9}{10}$ = neuf dixièmes	$\frac{1}{2}$ Jahr = six mois
$\frac{1}{4}$ = un quart [kar]	$1\frac{2}{5}$ = un deux cinquièmes	$\frac{3}{4}$ Jahr = neuf mois
$\frac{3}{4}$ = trois quarts	$1\frac{3}{7}$ = un trois septièmes	$1\frac{1}{2}$ Jahr = un an et demi (oder: dix-huit mois)
$\frac{1}{5}$ = un cinquième	1,5 km = un km et demi	3,5 = trois virgule cinq
$\frac{1}{6}$ = un sixième	2,5 kilos = deux kilos et demi	ein Ganzes = un entier [ɑ̃tje] die Hälfte = la moitié

⚠ Die Bruchzahlen sind Nomen. Ist der Zähler größer als 1, so bekommt der Nenner ein Plural-**s**: trois quarts**.**

Unterscheide:

• une **demi**-heure une **demi**-bouteille	eine halbe Stunde eine halbe Flasche	*Demi* ist **unveränderlich,** wenn es **vor** dem Nomen steht.
• une **heure** et **demie** deux **bouteilles** et **demie** trois **millions** et **demi**	anderthalb Stunden zweieinhalb Flaschen dreieinhalb Millionen	Steht *demi* **nach** dem Nomen, so richtet es sich im **Genus** nach diesem.

F/D Abweichend vom Deutschen steht im Französischen der **bestimmte** Artikel bei Bruchzahlen, deren Zähler größer als 1 ist. – Beispiele: **Les trois** quarts des élèves sont malades. La bouteille est vide **aux deux** tiers.

53 **Die Sammelzahlen auf « -aine »** – Les nombres collectifs en *-aine*

		Ebenso:	
une douzaine d'huîtres	ein Dutzend Austern	une quarantaine de	etwa 40
une huitaine de jours	(ungefähr) 8 Tage	une cinquantaine de	50
une dizaine d'années	(etwa) 10 Jahre	une soixantaine de	60
une quinzaine de personnes	(an die) 15 Personen	une centaine de	100
une vingtaine d'invités	(zirka) 20 Gäste	**Aber:**	
un homme **d'une trentaine d'**années	(etwa) 30 Jahre alt	un millier de	etwa 1000

- Sammelzahlen mit der Endung **-aine** können nur aus **einfachen** Grundzahlen gebildet werden:
  une soixantaine d'années.
  Bei **zusammengesetzten** Zahlen steht *environ* + Zahlwort:
  environ soixante-dix ans; environ quatre-vingts/quatre-vingt-dix.
- Wie bei den meisten Mengenausdrücken wird das folgende Nomen mit partitivem *de* (ohne Artikel) angeschlossen (vgl. **18**).

Kapitel 5: Die Pronomen – Les pronoms

4 Die grammatischen Eigenschaften der Pronomen

1. Im Unterschied zu den Begleitern sind die meisten Pronomen **Stellvertreter.** In einem Text vertritt das Pronomen eine Nominalgruppe (d. h. ein Nomen oder Nomen + Begleiter). – Beispiele:

   C'est ta moto, ça? – Non, c'est **celle** (= la moto) de Pierre.
   La mienne (= Ma moto à moi) est en panne.
   Pierre est chez vous? – Oui, **il** (= Pierre) est dans le jardin.

   Pronomen werden also verwendet, um auf ein Nomen oder eine Nominalgruppe zu **verweisen.**
   Mit diesem Bezugselement stimmen die Pronomen im Genus und im Numerus überein.

2. Einige Pronomen können die gesamte Aussage eines vorangehenden Satzes wiederaufnehmen, z. B.

   Tu t'es trop exposé au soleil, **c'** est évident. – Je **le** sais.
   Va prendre une douche. **Cela/Ça** te fera du bien.

3. Pronomen können auch einen noch folgenden Sachverhalt ankündigen, z. B.

   Il est certain **que vous vous êtes trompée,** madame.
   Cela/Ça me fait plaisir **de faire de longues promenades.**

Anmerkung: Die Personalpronomen *je, tu* und einige indefinite Pronomen haben keine Stellvertreterfunktion und verweisen auch nicht auf ein vorangehendes oder folgendes Textelement. Beispiele:

Tu attends des copains? – Oui, **j'**attends Jean-Claude.
Quelqu'un peut m'expliquer ce qui se passe? Je ne comprends **rien** à cette affaire.

Die verbundenen Personalpronomen und die Adverbialpronomen « y » und « en »

5 Die verbundenen Personalpronomen – Les pronoms personnels conjoints

Die verbundenen Personalpronomen können nur in enger Verbindung mit einem Verb gebraucht werden.
Im Satz haben sie die Funktion des **Subjekts,** des **direkten Objekts** oder des **indirekten Objekts.**

1. Die Subjekt- und Objektpronomen der 1. und 2. Person

Subjekt		Direktes Objekt		Indirektes Objekt	
Je rentre.	ich	On **me** voit.	mich	On **me** fait signe.	mir
J' arrive.		On **m'** appelle.			
		Attendez- **moi.**		Dites- **moi** pourquoi.	
Tu rentres.	du	On **te** voit.	dich	On **te** fait signe.	dir
		On **t'** appelle.			
Nous rentrons.	wir	On **nous** voit.	uns	On **nous** fait signe.	uns
Nous arrivons.		On **nous** appelle.			
Vous rentrez.	ihr/Sie	On **vous** voit.	euch/Sie	On **vous** fait signe.	euch/Ihnen
Vous arrivez.		On **vous** appelle.			

- *Me, te, nous, vous* und *moi* können im Satz direktes oder indirektes Objekt sein.
- Vor vokalisch anlautender Verbform (und vor *y/en*) werden *je, me, te* zu *j', m', t'*; *nous* und *vous* werden im Lautbild gebunden.

⚠
1. Als Objektpronomen der 1. Person Singular steht **vor** dem Verb **me** und **nach** dem Verb **moi.**
2. Die Pronomen der 2. Person Plural werden auch als Höflichkeitsformen verwendet. Sie können sich, wie das dt. ‚Sie', auf eine einzelne oder auf mehrere Personen beziehen.

   Beispiele: Bonjour, **madame.** Comment allez-**vous?** On ne **vous** a pas oubliée …
   Vous avez choisi, **messieurs?** Non? Alors, je **vous** conseille le plat du jour.

Zum Gebrauch von *on* vgl. **72.**

2. Die Subjekt- und Objektpronomen der 3. Person

Subjekt		Direktes Objekt		Indirektes Objekt	
Il rentre.	er	On **le** voit.	ihn	On **lui** fait signe.	ihm
		On **l'** appelle.			
Elle rentre.	sie	On **la** voit.	sie	On **lui** fait signe.	ihr
		On **l'** appelle.			
Ils rentrent.	sie m	On **les** voit.	sie	On **leur** fait signe.	ihnen
Ils arrivent.		On **les** appelle.			
Elles rentrent.	sie f	On **les** voit.	sie	On **leur** fait signe.	ihnen
Elles arrivent.		On **les** appelle.			

- Die **direkten Objektpronomen** *le, la, les* haben die gleichen Formen wie der bestimmte Artikel. Vor vokalisch anlautender Verbform werden *le* und *la* zu *l'; les* wird im Lautbild gebunden.
- Die **indirekten Objektpronomen** der 3. Person haben für Maskulinum und Femininum nur jeweils **eine** Form: die Singularform *lui* (ihm/ihr) und die Pluralform *leur* (ihnen).
- Die **Subjektpronomen** *ils* und *elles* werden vor vokalisch anlautenden Verbformen im Lautbild gebunden.

⚠ Das indirekte **Objektpronomen** *leur* ist unveränderlich.
Der **Possessivbegleiter** *leur/leurs* hingegen hat eine Singular- und eine Pluralform. – **Unterscheide** also:

Je **leur** ai montré { notre voiture. / nos vélos.	**Leur** + **Verb**	= indirektes Objektpronomen: **unveränderlich.**
Ils m'ont montré { **leur** voiture. / **leurs** vélos.	**Leur/leurs** + **Nomen**	= Possessivbegleiter: **veränderlich** im Numerus (vgl. **25**,2).

Il und *le* werden auch als neutrale Pronomen verwendet. – Beispiele:

Il pleut. **Es** regnet. **Il** va y avoir un orage. **Il** faut rentrer.
Tu sais que Pierre est malade. – Oui. Sa mère me **l'**a dit. … hat **es** mir gesagt.

3. Das Reflexivpronomen – Le pronom réfléchi

Singular				**Plural**			
Pierre	**se**	dépêche.	… beeilt sich.	Mes amis	**se**	présentent.	… stellen sich vor.
Anne	**s'**	excuse.	… entschuldigt sich.				
Je	**m'**	excuserai.	… mich entschuldigen.	Vous	**vous**	souvenez de Marc?	Erinnert ihr euch …?
Je	**me**	fais des reproches.	Ich mache mir …				
Tu ne	**t'**	excuses pas?	… du dich nicht?	Nous	**nous**	demandons où il est.	Wir fragen uns, …
		Excuse-**toi.**	Entschuldige dich.				

- Wie im Deutschen hat auch im Französischen das Reflexivpronomen nur für die **3. Person** eine Form, die sich von den Objektpronomen unterscheidet: **se** (sich).
- In der 1. und 2. Person stehen die entsprechenden Objektpronomen.

Nach dem **Imperativ** steht die Form **toi** statt *te*. (Vgl. Attendez-**moi.**) **Aber:** Va-**t'en.**

Die Adverbialpronomen «y» und «en» – Les pronoms adverbiaux *y* et *en*

6 «Y» und «en» in der Funktion einer adverbialen Bestimmung und eines indirekten Objekts

Die Adverbialpronomen *y* und *en* vertreten im Satz **Präpositionalgruppen,** die in der Regel **Sachen** bezeichnen.

Marc		habite	**à** Beaune, **en** Bourgogne, **dans** une vieille maison **près de** l'Hôtel-Dieu.
Il	**y**	habite	avec sa famille.
Marc s'		intéresse	**à son travail.**
Il s'	**y**	intéresse	même beaucoup.

Y hat im Satz die Funktion einer
- **adverbialen Bestimmung des Ortes** mit **à, en, dans, sur, sous, près de** u. a. Präpositionen

und die Funktion
- eines **indirekten Objekts** mit **à.**

Marc		est rentré	**d'un voyage.**
Il	**en**	est rentré	hier soir.
Marc		parle	**de son voyage.**
Il	**en**	parle	longuement.

En hat im Satz die Funktion einer
- **adverbialen Bestimmung des Ortes** mit **de**

und die Funktion
- eines **indirekten Objekts** mit **de.**

⚠ **Unterscheide** zwischen **Sach**objekt und **Personen**objekt. – Beispiele:

Marc a téléphoné **à la mairie.**	Marc a téléphoné **au maire.**
Il **y** a téléphoné ce matin.	Il **lui** téléphone souvent.
Anne a parlé **de sa nouvelle voiture.**	Anne a parlé **de ses enfants.**
Elle **en** a parlé à un voisin.	Elle a parlé **d'eux** à une amie.
Sachobjekte: *y – en.*	**Personenobjekte:** Personalpronomen.

Ebenso:
Je pense **à toi/ à lui/ à elle,** etc.
Aber:
J'**y** pense (Sache)

Anmerkungen: 1. Gelegentlich, besonders in der gesprochenen Sprache, wird *en* auch mit Bezug auf Personen benutzt. – Beispiel:

– Tu te souviens **des Meunier?**
– Oui, bien sûr. Je m'**en** souviens même très bien.

2. *Y* entfällt vor den mit *i-* anlautenden Futurformen von *aller.* – Beispiel:
Vous irez à cette réunion? – Oui, on ira. (Aber: Oui, on va **y** aller.)

57 Partitives «en»

1.	– Je		viens de faire **du café.**	
	Vous	**en**	voulez?	… welchen?
–	Non, merci. Je **n'**	**en**	veux **pas.**	… keinen.
	Je **n'**	**en**	bois **plus.**	… keinen mehr.

– Vous		avez **des timbres?**	
– Oui, j'	**en**	ai.	… welche.
– Moi, je **n'**	**en**	ai **plus.**	… keine mehr.

Partitives *en* bezeichnet eine Teilmenge einer bereits erwähnten Menge.

En vertritt in dieser Funktion Nominalgruppen mit dem **Partitiv** *(du/de la/ de l')*
oder mit dem **unbestimmten Artikel Plural** *(des),*
die im Satz die Funktion eines direkten Objekts haben.

En bezeichnet
- im **bejahenden** Satz eine **unbestimmte Menge** (dt. ‚welche(n)'),
- im **verneinenden** Satz eine **Nullmenge** (dt. ‚keine(n)').

2. Serge		a fait	**trop**	**de café.**	
Il	**en**	a fait	**trop**		pour trois personnes.
Pour		avoir	**assez**	**de café**	pour tout le monde,
Serge	**en**	a fait	**un litre.**		
Il	**en**	a fait	**deux tasses**		pour chacun.

En steht in Verbindung mit Mengenausdrücken wie
- **Mengenadverbien,** z. B. *beaucoup, trop, peu, assez, combien* (*de* + Nomen), und
- **Nominalgruppen,** z. B. *une tasse, un litre, un kilo, une bouteille* (*de* + Nomen).

En vertritt dabei partitives *de* + Nomen

3. – C'est toi qui		voulais	**des**	**timbres?**
– Oui. Il m'	**en**	faut	**un.**	
Serge		a	**plusieurs**	**timbres.**
Il	**en**	offre	**trois**	à Joëlle.
– Tiens. Voilà			**quelques**	**timbres.**
– C'est trop. Il m'	**en**	faut	**un (seul).**	

En steht ebenso in Verbindung mit **Zahlwörtern** und **Indefinita.**

Es vertritt dabei das Nomen, das dem Zahlwort oder dem indefiniten Begleiter folgen würde.

Im Unterschied zum Deutschen können im Französischen Mengenausdrücke, Zahlwörter und indefinite Pronomen, die auf eine bereits erwähnte Menge zurückverweisen, im Satz mit konjugiertem Verb nicht allein stehen. – **Vergleiche:**

– Habt ihr Schallplatten?	– Est-ce que vous avez **des disques?**
– Ja, ich habe **viele/ein paar.**	– Oui. Moi, j' **en** ai **beaucoup/quelques-uns.**
	(Oder: J'ai **beaucoup de disques /quelques disques** .)

Unterscheide:

Eric a de beaux timbres.	Il **en** a qui sont très rares.	welche
	Il me **les** a montrés hier.	sie (= alle)
Où sont les **biscuits?**	– Il n'y **en** a plus.	keine mehr
	Je **les** ai mangés.	sie (= alle).

Die Stellung der Objektpronomen und der Adverbialpronomen im Aussage- und im Fragesatz

8 Typ: Ein pronominales Objekt + Verb

Voilà Yves qui arrive.					Die **Objektpronomen** und die **Adverbialpronomen** *y* und *en* stehen unmittelbar **vor dem konjugierten Verb.**
Tu		**le**	**connais?**	Non?	
Mais tu		**lui**	**dis**	bonjour quand même!	
Nous, on			**va aller**	au cinéma.	
On		**y**	**joue**	un bon film.	
Tout le monde		**en**	**parle.**		
– Tu			**vas**	souvent au théâtre?	Die **Verneinungselemente** *ne … pas/plus/jamais* etc. **umschließen** die Gruppe **Pronomen + konjugiertes Verb** bzw., bei den zusammengesetzten Verbformen, **Pronomen + Hilfsverb.**
– Non, je	**n'**	**y**	**vais**	**pas** souvent.	
– Alors tu	**n'**		**as**	**pas vu** la pièce de Sartre?	
– Si. Mais je	**ne**	**l'**	**ai**	**pas comprise.**	

Zur Angleichung des Participe passé vgl. **89.**

9 Typ: Zwei pronominale Objekte + Verb

1. Wenn **zwei Objektpronomen** oder ein Objektpronomen und ein Adverbialpronomen zusammentreffen, stehen sie ebenfalls vor dem konjugierten Verb.

a) Elle est très bonne, cette cassette. – Je		**te**	**la**		**prête,** si tu veux./
Je		**vous**	**la**		**prête,** si vous voulez.
Nadine a beaucoup de livres. Elle		**se**	**les**		**paie** avec son argent de poche.
C'est elle qui		**me**	**l'**		**a** dit.
Elle	**ne**	**vous**	**les**		**a pas** montrés?
b) Claire a eu une mauvaise note en maths.					
Ses parents **ne le** savent **pas** encore. Claire	**ne**		**le**	**leur**	**a pas encore** dit.
Son père est très sévère. C'est pourquoi elle	**ne**		**le**	**lui**	**dit pas.**

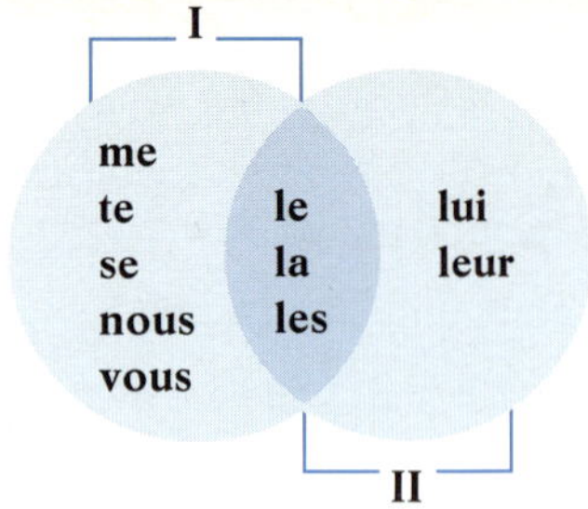

- Zwei Objektpronomen können nur kombiniert werden, wenn **eines von ihnen** das direkte Objektpronomen **le, la** oder **les** ist.
- Dabei stehen die indirekten Objektpronomen *me, te, se, nous, vous* **vor** *le, la, les* (Beispiele a) und I).
- Die indirekten Pronomen *lui* und *leur* stehen **nach** den direkten Objektpronomen *le, la, les* (Beispiele b) und II).

Anmerkung: Mit *à* + unverbundenes Personalpronomen wird daher das indirekte Objekt der reflexiven Verben konstruiert. – Beispiele:

Vous savez que M. Duval **s'intéresse à vous?**	s'intéresser **à qn**
Nous avons vu une dame. Nous **nous** sommes adressés **à elle.**	s'adresser **à qn**
Mon ami Jacques **s'est** joint **à nous.**	se joindre **à qn.**

2. Die **Adverbialpronomen** *y* und *en* können nach allen verbundenen Objektpronomen stehen.

Mme Payot fait du très bon thé. Elle	**m'**	**en**	**a**		**offert** une tasse.
Cela m'étonne qu'elle **ne**	**vous**	**en**	**ait**	**pas**	**offert.**
Quand elle a des invités, elle	**leur**	**en**	**offre**		toujours.
Vous avez vu le nouveau bâtiment place Gambetta?					
Eh bien, la poste	**s'**	**y**	**trouve**		aussi.
Je crois qu'il vaut mieux que je	**les**	**y**	**accompagne.**		

Die Adverbialpronomen *y* und *en* stehen **nach** dem Objektpronomen, unmittelbar vor dem konjugierten Verb.

Anmerkung: Die Verbindung von *y* + *en* kommt nur in der Wendung *il y en a/avait/aurait* etc. vor:
– C'est vrai qu'il y a un métro à Lyon? – Oui, **il y en a** un depuis 1978.

60 Die Stellung der Objektpronomen und der Adverbialpronomen im Imperativsatz

1. Si Mme Brunot vient, **faites- la** entrer et **offrez- lui** quelque chose à boire.
   Corinne, sois gentille. **Apporte- moi** le journal, s'il te plaît. Et **dépêche- toi** un peu.

2.

– Tu veux que je te passe le pain?	– Oui, passe- **le -moi,** s'il te plaît.
– Je peux donner ma viande à Luc?	– Bien sûr. Donne- **la -lui.**
– On va manger les glaces maintenant?	– Oui, sers- **les -nous,** si tu veux.
– Tu veux de l'eau avec?	– Oui, apporte-**m' en** un verre.

3.

Il faut faire la vaisselle.	**Ne t'en** va **pas.**
Et fais attention aux verres.	**Ne me les** casse **pas.**

1. Beim **bejahenden** Imperativ stehen die Objektpronomen **nach** diesem.
   Sie werden mit Bindestrich angeschlossen.
   In der 1. Person Singular steht die Form **moi,** in der 2. Person Singular die Form **toi.**
2. Im Satz mit **zwei** Objekten stehen die **direkten** Objektpronomen **vor** den indirekten.
   En steht immer **nach** dem Personalpronomen.
3. Beim **verneinenden** Imperativ stehen die Pronomen wie im Aussagesatz (vgl. **59**).

⚠ Vor *en* werden *moi, toi* zu *m', t'*. – Beispiele: Donne-**m'en.** Va-**t'en.**
Zu *manges-en* und *vas-y* vgl. **77** H 3.

Bei Verben mit zwei Personenobjekten – z. B. *présenter qn à qn* – ist zu unterscheiden:

On **t'**a présenté **Christophe?** (te = dir) – Oui, on **me** **l'**a présenté. (ihn **mir**)
On **t'**a présenté **à M. Royer?** (te = dich) – Oui, on **m'**a présenté **à lui.** (**mich** ihm)

Présente-**la-moi.**	Stell **sie mir** vor.
Présente-**moi à elle.**	Stell **mich ihr** vor.
Présentez-**le-nous.**	Stellen Sie **ihn uns** vor.
Présentez-**nous à lui.**	Stellen Sie **uns ihm** vor.

Da die **direkten** Objektpronomen *me (moi), te (toi), nous, vous* **nicht** mit *lui* und *leur* kombiniert werden können, steht als **indirektes** Objekt **à lui/à elle** bzw. **à eux/à elles.**

Die Objektpronomen und die Adverbialpronomen bei Verben mit folgendem Infinitiv

1 Typ: Konjugiertes Verb + Infinitiv

Im Satz mit einem konjugierten Verb + Infinitiv ist zu unterscheiden, ob die Objektergänzung und die adverbialen Bestimmungen zu dem konjugierten Verb oder zu dem Verb im Infinitiv gehören.

			Konjugiertes Verb								**Infinitiv**		
1.	– Il			**faut**							**expliquer**	**cet exercice**	**à Luc** .
	Tu	**ne**		**veux**	**pas**					**lui**	**expliquer**	**cet exercice**	?
	– Si, je			**vais**					**le**	**lui**	**expliquer.**		
2.	J'			**ai**		**demandé**	**à Luc**	**de**	**me**		**rendre**	**mes disques**	.
	Je	**ne**	**lui**	**ai**	**pas**	**demandé**		**de**	**me**	**les**	**rapporter**	aujourd'hui.	
	Mais il		**m'**	**a**		**promis**		**de**	**me**	**les**	**rendre**	ce soir.	
	Eric			**aide**			**son frère**	**à**			**laver**	**la voiture**	.
	Il		**l'**	**aide**		souvent		**à**		**la**	**laver.**		
	– Nadine			**a**		**invité**	**son amie**	**à**			**venir**	**à Paris**	en juillet?
	– Non, elle	**ne**	**l'**	**a**	**pas**	**invitée**		**à**		**y**	**venir**	cet été.	

1. In diesen Beispielen hat das konjugierte Verb keine nominale Ergänzung bei sich.
   Die Objekte sind **Ergänzungen des Infinitivs**,
   und die sie vertretenden Objektpronomen stehen vor diesem.
2. In diesen Beispielen haben das konjugierte Verb und der Infinitiv Ergänzungen bei sich.
   Die pronominalen Ergänzungen stehen bei dem Verb, zu dem sie sinngemäß gehören.

Die Verneinungselemente *ne … pas/plus* etc. gehören zum konjugierten Verb.
Sie umschließen das konjugierte Verb bzw., bei den zusammengesetzten Verbformen, das Hilfsverb.

62 Typ: Verb der Wahrnehmung + Infinitiv

Verben der Wahrnehmung sind z. B.

voir/regarder qn faire qc	sehen/zusehen,	wie jd etwas tut.
entendre/écouter qn faire qc	hören/zuhören,	

1.		**Konjugiertes Verb**			**Infinitiv**		
	Tu	as **vu**	**les garçons**		**jouer?**		• Wenn der Satz nur **eine** pronominale Ergänzung hat, steht diese immer **vor dem konjugierten Verb.**
	Oui, je **les**	ai **vus**			**jouer**	dans la rue.	
	– Tu	as **entendu**			**parler**	**de ce film?**	
	– Oui. J' **en**	ai **entendu**			**parler.**		
2.	– Tu	as **entendu**	**les enfants**		**parler**	**du match?**	• Wenn das konjugierte Verb und der Infinitiv jeweils eine pronominale Ergänzung haben, stehen diese **vor dem Verb, auf das sie sich beziehen.**
	– Oui, je **les**	ai **entendus**		**en**	**parler.**		
	– Tu	as **vu**	**Mireille**		**monter**	**dans le taxi?**	
	– Oui, je **l'**	ai **vue**		**y**	**monter.**		

63 Typ: «Laisser qn faire qc» und «faire faire qc à qn»

1. Satz mit nur einem Objekt

Mme Roux	**laisse**	**sa fille**	**sortir.**	Haben *laisser faire* (tun lassen = zulassen) und *faire faire* (tun lassen = veranlassen) nur **ein Objekt,** so ist es **direktes** Objekt. Das Objektpronomen steht vor der konjugierten Form des Verbs *laisser* bzw. *faire.*
Mme Roux	**laisse sortir**	**sa fille.**		
Elle **la**	**laisse sortir.**			
Cette histoire	**fait rire**	**les gens.**		
Cette histoire **les**	**fait rire.**			

2. Satz mit zwei Objekten

Mme Roux			**laisse**	**son fils**	**conduire**	**la voiture.**	Bei **laisser faire** kann das **Personen**objekt direktes oder indirektes Objekt sein. Sind **beide** Objekte **Pronomen,** so ist das **Personen**objekt immer **indirektes** Objekt.
Mme Roux			**laisse**	**conduire**	**la voiture**	**à son fils.**	
Elle	**le**	/ **lui**	**laisse**		**conduire**	**la voiture.**	
Elle	**la**	**lui**	**laisse**	**conduire.**			
La musique			**fait**	**oublier**	**leurs soucis**	**aux gens.**	Bei **faire faire** ist das **Personen**objekt **immer indirektes** Objekt.
Elle		**leur**	**fait**	**oublier**	**leurs soucis.**		
Elle	**les**	**leur**	**fait**	**oublier.**			

Die unverbundenen Personalpronomen – Les pronoms personnels disjoints

4 Die Formen der unverbundenen Personalpronomen

	Singular	Plural	
1. Person	moi	nous	Die unverbundenen Personalpronomen haben als Subjekt und als Objekt die gleiche Form:
2. Person	toi	vous	
3. Person Maskulinum	lui	eux	**Toi,** tu as de la chance. — Du …
Femininum	elle	elles	Voilà encore une lettre **pour toi.** — … für dich.
3. Person reflexiv	soi		

Unterscheide:

J'ai vu **Jean.** / J'ai vu **Anne.** } Je **lui** ai dit bonjour.

J'ai vu **tes frères.** / J'ai vu **tes sœurs.** } Je **leur** ai dit bonjour.

Verbundene Personalpronomen:
nur **eine Form** für Maskulinum und Femininum des indirekten Objekts.

Jean est parti. Je pense souvent **à lui.**
Anne est partie. Je pense souvent **à elle.**

Mes amis sont partis. Je pense **à eux.**
Mes amies sont parties. Je pense **à elles.**

Unverbundene Personalpronomen:
unterschiedliche Formen für Maskulinum und Femininum des indirekten Objekts.

5 Der Gebrauch der unverbundenen Personalpronomen

Im Unterschied zu den verbundenen Personalpronomen (vgl. **55**), die nicht selbständig gebraucht werden können, werden die unverbundenen Pronomen grammatisch wie Eigennamen oder Nominalgruppen verwendet.

Qui veut une orange? – **Pas moi.** (Ich nicht.) Et **toi,** Marie-Laure? – **Moi non plus.** (Ich auch nicht.)	Die unverbundenen Personalpronomen stehen • im **Satz ohne Verb;**
– Qui est là? **C'est toi,** Hervé? – Non, **c'est nous.** – J'entends une voiture. Va voir si ce sont les Laporte. – Oui, **ce sont eux/c'est eux.** **C'est toi qui** les **as** invités?	• nach **c'est/ce sont (…qui/que);** Zu *c'est toi qui as* … vgl. **153** ⚠.
Où est Brigitte? – Elle est rentrée **chez elle.** Elle est partie avec Yves? – Non, elle est partie **sans lui.**	• nach **Präpositionen;**
Brigitte n'est pas aussi sportive que son frère, mais elle est beaucoup **plus** intelligente **que lui.**	• nach **que** im **Vergleichssatz;**
– **Moi, je** fais les chambres, **toi, tu** vas chez l'épicier. Et **vous,** qu'est-ce que **vous** faites? – **Nous,** { **nous** faisons la vaisselle. / **on** fait la vaisselle. }	• im **segmentierten Satz** (vgl. **152**).

Die Pluralform *ce sont* wird in Verbindung mit den Pronomen *eux* und *elles* gebraucht.
Vor *nous* und *vous* steht *c'est.* – Also: C'est moi/toi/lui/elle. **C'est nous/vous.** | C'est eux/elles. Oder: Ce sont eux/elles.

Die Demonstrativpronomen – Les pronoms démonstratifs

66 Die Formen der Demonstrativpronomen

	Singular		Plural	
Maskulinum	**celui-ci**	der, dieser (hier)	**ceux-ci**	die, diese (hier)
	celui-là	der, dieser (da)	**ceux-là**	die, diese (da)
Femininum	**celle-ci**	die, diese (hier)	**celles-ci**	die, diese (hier)
	celle-là	die, diese (da)	**celles-là**	die, diese (da)
Neutrale Formen	**ce; ceci, cela (ça)**	das, dieses		

- Die Demonstrativpronomen stimmen mit der Nominalgruppe, die sie vertreten, in Genus und Numerus überein:
  Ces chaussures ne me plaisent pas, mais **celles-là** (= ces chaussures-là) sont très bien.
- Die neutralen Demonstrativpronomen *ce, ceci, cela (ça)* sind unveränderlich.

H *Ce* wird vor *a/avait/aurait* zu *ç':* **Ç'**aurait été un scandale.

67 Der Gebrauch der Demonstrativpronomen

1. Celui-ci; celui-là

– Quel est ton verre? **Celui-ci** ou **celui-là?** – **Celui-ci,** je crois. – Pour le fromage, je mets quels couteaux? **Ceux-ci** ou **ceux-là?** – Les petits, s'il te plaît.	Stehen zwei Dinge zur Wahl, so weist *celui-ci* auf das erste (nähere), *celui-là* auf das zweite (entferntere) hin.
– Tu mets quelle robe? Décide-toi. – Je crois que je vais mettre **celle-là.**	Wird nur auf ein Ding hingewiesen, so stehen meist die Formen mit **-là.**

Zu den Demonstrativbegleitern vgl. **23.**

⚠ *Celui, celle, ceux, celles* stehen nie allein.
Sie stehen entweder mit den Hinweiswörtern *-ci* und *-là,* oder sie haben eine Ergänzung bei sich.

– C'est bête que ma moto soit en panne. – Alors prends **celle de Muriel.** Elle n'en a pas besoin. – Tu mets quel anorak? – **Celui avec les grandes poches.**	Die **Ergänzung** kann sein • eine **Präpositionalgruppe** (meist mit *de*);
– François Duval? Qui est-ce? – C'est **celui** { **qui joue de la guitare.** / **que Nadine invite tout le temps.** / **dont Monique est amoureuse.** }	• ein **Relativsatz.**

⚠ **Unterscheide: Catherine** a rencontré Véronique. **Elle** lui a offert une glace.
Catherine a rencontré **Véronique. Celle-ci** lui a offert une glace.

Im Text verweist **il/elle** usw. auf das **Subjekt** des vorangehenden Satzes.
Mit Verweis auf das **Objekt** steht **celui-ci/celle-ci** (oder *ce dernier/cette dernière*).

2. Ce, ceci, cela (ça)

Die Demonstrativpronomen *ce* und *cela* (in gesprochener Sprache *ça*) weisen auf einen bereits erwähnten oder bekannten Sachverhalt zurück oder auf einen noch folgenden Sachverhalt voraus.
Cela kann als Subjekt und als Objekt stehen. *Ce* steht als Subjekt.

	Als **Subjekt** steht
Yvette a mal dormi; **cela/ça** se voit. Patrick ne lisait pas: **cela/ça** l'ennuyait. – **Cela/Ça** ne te dit rien de participer au cours de guitare? – Non. **Ça** (ne) me **dit** rien.	• **cela** bei transitiven und intransitiven **Verben;** (in gesprochener Sprache steht meist *ça*);
C'est quel jour aujourd'hui? – **C'est mercredi.** **C'est une grosse faute** que tu as faite là. 3000 F par mois, **ce** n'**est** pas **beaucoup,** mais **c'est assez** pour vivre. Vous vous êtes trompée, madame, **c'**est **évident.** Une journée sur la côte, **ce** serait **magnifique.** **Ce** serait **magnifique,** une journée sur la côte.	• **ce** bei – *être* + **Nominalgruppe;** – *être* + **Mengenadverb;** – *être* + prädikatives **Adjektiv.**

Unterscheide:

Vous vous êtes trompé, **c'** est évident. — Der Sachverhalt **geht voran**: Subjekt = **ce.**

Il est évident **que vous vous êtes trompé.** — Der Sachverhalt **folgt** (als *que*-Satz): Subjekt = **il.**

C'est évident que **vous vous êtes trompé.** — In **gesprochener** Sprache steht bei folgendem Sachverhalt auch **ce.**

Anmerkungen: 1. *Ceci* und *cela (ça)* werden – wie *celui-ci* und *celui-là* – bei Gegenüberstellungen gebraucht:

Ceci est l'original, **cela (ça), c'est** une copie.

2. Nach *cela* steht immer **c'est,** wenn eine Nominalgruppe folgt.

Also: **Cela, c'est** une **copie.** **Aber:** Cela, c'est difficile. Oder: Cela est difficile.

3. *Cela (Ça)* steht als neutrales Subjekt, wenn unpersönliches *il* zur Verwechslung mit einer Person führen könnte. – Unterscheide:

Il arrive.	**Er** kommt.
Cela (Ça) arrive.	**Das** kommt vor/kann passieren.
Il va mieux.	**Es** geht **ihm** besser.
Ça va mieux.	**Es** geht wieder besser.

3 Die Possessivpronomen – Les pronoms possessifs

Das Possessivpronomen steht für eine Nominalgruppe, die aus Possessivbegleiter + Nomen besteht. Beispiel:

– C'est **ton anorak,** ça?
– Non. **Le mien** (= **mon anorak**), il est bleu. Meiner/Der meinige ist blau.

Das Possessivpronomen hat folgende **Formen:**

	A qui est **ce journal?**	Et **cette voiture?**	A qui sont **ces disques?**	Et **ces photos?**
Singular	C'est	C'est	Ce sont	Ce sont
1. Person	**le mien,**	**la mienne,**	**les miens,**	**les miennes,**
2. Person	**le tien,**	**la tienne,**	**les tiens,**	**les tiennes,**
3. Person	**le sien,**	**la sienne,**	**les siens,**	**les siennes,**
Plural				
1. Person	**le nôtre** [lənotr],	**la nôtre** [lanotr],	**les nôtres** [lenotr],	
2. Person	**le vôtre** [ləvotr],	**la vôtre** [lavotr],	**les vôtres** [levotr],	
3. Person	**le leur.**	**la leur.**	**les leurs.**	
	Maskulinum	**Femininum**	**Maskulinum**	**Femininum**

- Vor dem Possessivpronomen steht der **bestimmte Artikel.**
- Das Possessivpronomen stimmt mit der Nominalgruppe, die es im Satz vertritt, in Genus und Numerus überein.

Zu den Possessivbegleitern vgl. **25** + **26**.

Anmerkung: In der Antwort auf die Frage nach dem Besitzer steht häufig die Konstruktion *être à qn:*

Ce sont **les clés de Marc? – Oui, ce** sont **les siennes.** Oder: Oui, **elles** sont **à lui.**

Die indefiniten Pronomen – Les pronoms indéfinis

69 Quelqu'un – personne; quelque chose – rien

Subjekt							Objekt	
– **Quelqu'un**		a téléphoné?	Jemand	– Tu		attends	**quelqu'un?**	jemand(en)
– Non. **Personne.**			Niemand			– Non.	**Personne.**	niemand
Personne	**n'**	a téléphoné.		Je	**n'**	attends	**personne.**	
– **Quelque chose**		vous embête?	Etwas	– On		t'a dit	**quelque chose?**	etwas
– Non. **Rien.**						– Non.	**Rien.**	nichts
Rien	**ne**	m'embête.	Nichts	On	**ne**	m'a	**rien** dit.	
							Rien à faire.	

- **Quelqu'un** (jemand) und **quelque chose** (etwas) stehen in **bejahenden Sätzen.** Sie können Subjekt und Objekt des Satzes sein.
- **Personne** (niemand) und **rien** (nichts) stehen in **verneinenden** Sätzen. Im Satz **mit** Verb geht dem Verb das Verneinungselement **ne** voran.
- Im Satz **ohne** konjugiertes Verb stehen *personne* und *rien* **ohne** *ne.*

Beachte die Stellung von *personne* und *rien*
bei zusammengesetzten Verbformen: Je **n'**ai vu **personne.**
Je **n'**ai **rien** vu. | Je **n'**ai **rien** vu **d'intéressant.** (Vgl. **118** A.)

Anmerkung: Bei *sans* + Infinitiv stehen *personne* und *rien* ohne *ne.* Sie haben dann positive Bedeutung:

Jacques est parti **sans rien** manger … **ohne etwas** zu essen
et **sans** parler **à personne.** und **ohne mit jemandem** zu sprechen.

Tous/toutes – tout

Subjekt	**Direktes Objekt**
– J'avais invité **mes copains.** – **Ils** sont **tous** venus? [tus] – Oui, **tous.** **Tous** sont venus.	– Tu connaissais **les copains de Michel?** – Oui, je **les** connaissais **tous.**
Mes copines aussi étaient là. – **Elles** sont **toutes** venues? [tut] – Oui, **toutes.** **Toutes** sont venues.	– Michel vous a montré **ses photos?** – Quelques-unes, mais pas **toutes.** Il ne nous **les** a pas **toutes** montrées.
– Et **tout** s'est bien passé? [tu] – Oui. Et à 9 heures, **tout** était fini. [tutetɛ]	Il y avait plusieurs assiettes de sandwichs: on a **tout** mangé.

- **Tous/toutes** (alle) stimmen mit dem Nomen, das sie vertreten, in Genus und Numerus überein.
- Wenn **tous/toutes** die Funktion eines **direkten Objekts** haben, wird die Nominalgruppe, die sie vertreten, durch das Objektpronomen **les** vor dem konjugierten Verb wieder aufgenommen.
- **Tout** (alles) ist unveränderlich.

Tous/toutes und *tout* stehen bei zusammengesetzten Verbformen vor dem Participe passé. – Beispiele:

Ils sont **tous** venus.
Je **les** ai **tous** reconnus.
On avait **tout** préparé.

Zu *tout* als Begleiter vgl. **27.** – Zu *tout* als Adverb vgl. **112.**

Chacun

Chacun pour soi Jeder für sich et Dieu pour tous. (Proverbe) ... Ce n'est pas vrai, mais **chacun** (= tout le monde) le dit.	• *Chacun* in der Bedeutung ‚ein jeder/jeder einzelne/alle ohne Unterschied' (= tous/tout le monde) ist **unveränderlich.**
Jeanne avait invité **toutes ses amies.** **Chacune** (d'elles/d'entre elles) avait apporté un joli cadeau. – Oder: **Ses amies** avaient apporté **chacune** un joli cadeau. Prends **ces lettres.** Mais fais attention: **chacune** doit être timbrée différemment.	• *Chacun, chacune* in der Bedeutung ‚jeder einzelne' (aus einer Gruppe oder Anzahl) verweist auf eine Nominalgruppe oder ein Pronomen im Plural. Es richtet sich in diesem Fall im **Genus** nach dem Nomen oder Pronomen, auf das es sich bezieht. ⚠ *Chacun, chacune* hat keine Pluralform.

Unterscheide: Voilà les amies de Jeanne. Elles sont **toutes** venues. ... alle (ohne Ausnahme)
Chacune (d'elles) a apporté un cadeau. ... Jede (einzelne von ihnen).

An *chacun/chacune* kann kein Relativsatz angeschlossen werden:

Jeder, der ihn kennt, ... = **Tous ceux qui** le connaissent ... Zum Begleiter *chaque* vgl. **28.**

72 On

Tu n'as pas entendu? Je crois qu'**on** a sonné. (= quelqu'un) Au Brésil, **on** parle portugais. } (= les gens/ Ici, **on** vote socialiste. tout le monde)	*On* wird nur als **Subjekt** gebraucht. Es steht in der Bedeutung von *quelqu'un, les gens, tout le monde* (dt. ‚man').
Qu'est-ce qu'**on** fait ce soir? (= nous) **On** sort ou **on** reste à la maison?	In der **gesprochenen** Sprache steht *on* häufig für *nous.*

Dem Subjektpronomen *on* entspricht das **Reflexivpronomen** *se,* auch wenn *on* statt *nous* steht:

Pierre et moi, **on s'**est excusés (= **nous nous** sommes excusés).

Wird *on* in der Bedeutung von *nous* gebraucht, so ist das entsprechende **Objektpronomen** *nous:*

On a (= nous avons) sonné. Un jeune homme **nous** a fait entrer.

73 Quelques-uns; plusieurs
ne ... pas un seul; ne ... aucun

Subjekt	**Direktes Objekt**
Voici mes photos de vacances. **Plusieurs** (de ces photos) sont très bonnes. **Quelques-unes** (d'entre elles) sont moins bonnes.	– En Belgique, il y a de belles villes. J'**en** connais **quelques-unes.** J'**en** ai visité **plusieurs.** Et toi?
Mais **aucune** (de ces photos)/ **pas une seule** (d'entre elles) **n'**est complètement ratée.	– Moi, je **ne** connais **aucune de** ces villes/ je **n'en** connais **aucune.** Je **n'en** ai **pas** visité **une seule.**

- **Plusieurs** (mehrere) und **quelques-uns** (einige) stehen in **bejahenden** Sätzen.
- **Ne ... aucun** (keiner) und **ne ... pas un seul** (nicht einer) stehen in **verneinenden** Sätzen; vor dem konjugierten Verb steht **ne.**
- *Quelques-uns, pas un seul* und *aucun* stimmen im **Genus** mit ihrem Bezugselement überein. Die **femininen** Formen lauten *quelques-unes, pas une seule, aucune.*
- *Plusieurs* ist unveränderlich.

Zu den entsprechenden indefiniten Begleitern vgl. **29** + **30.**

In **Subjektfunktion können** diese Pronomen eine *de*-Ergänzung bei sich haben.
Der Anschluß eines Personalpronomens erfolgt mit *d'entre:*

plusieurs *d'entre elles.* – Aber: *aucun des deux.*

In der Funktion eines **direkten Objekts** werden diese Pronomen **immer** von einer *de*-Ergänzung begleitet, oder es wird mit *en* auf diese verwiesen.

Anmerkung: In der geschriebenen Sprache findet man *certains* in der Bedeutung ‚gewisse Leute, manche'. Beispiel:

Certains sont incapables de garder un secret. **Certains** disent/pensent que ...

In bezug auf eine Gruppe, auf die verwiesen wird, steht *certains/certaines* + *d'entre* + unverbundenes Personalpronomen. – Beispiel:

Certains/Certaines d'entre vous ont bien répondu à toutes les questions.

Die Interrogativpronomen – Les pronoms interrogatifs

4 Die einfachen Interrogativpronomen « qui, que, quoi »

1. Qui

Subjekt			Mit **qui** fragt man nach **Personen.**
Deux personnes	ont téléphoné.		Als **Subjekt** des Fragesatzes steht • *qui* im Satz **ohne** Verb; • *qui* oder *qui est-ce qui* im Satz **mit** einem Verb.
Qui donc?			
Qui	a téléphoné?		
Qui est-ce qui	a téléphoné?		
Direktes Objekt		**Direktes Objekt**	
	Tu attends	**quelqu'un?**	Als **direktes Objekt** des Fragesatzes steht • *qui* im Satz **ohne** Verb; im Satz mit **nachgestelltem Fragewort;** in der **Inversionsfrage;** • *qui est-ce que* im Fragesatz mit der Wortstellung Subjekt – Prädikat.
		Qui donc?	
	Tu attends	**qui?**	
Qui	attends-tu?		
Qui est-ce que	tu attends?		
Präpositionale Ergänzung		**Präpositionale Ergänzung**	
	Sylvie pense	**à quelqu'un.**	Als **präpositionale Ergänzung** steht *qui* in Verbindung mit Präpositionen wie *à, de, pour, avec.*
		A qui?	
	Elle pense	**à qui?**	
A qui	pense-t-elle?		
De qui	est cette lettre?		
Pour qui	est cette photo?		

- Die Frage mit **nachgestelltem Fragewort** gehört ausschließlich der **gesprochenen** Sprache an.
- Die **Inversionsfrage** wird in der **geschriebenen Sprache** und in der **förmlichen** gesprochenen Sprache verwendet (vgl. **135**).

2. « Que » und « quoi »

Subjekt			Mit **que** und **quoi** fragt man nach **Sachen.**
	Regarde Annick.		
Quelque chose	la préoccupe. … beschäftigt sie.		Als **Subjekt** des Fragesatzes steht • *quoi* im Satz **ohne** Verb; • *qu'est-ce qui* im Satz **mit** einem Verb.
Quoi donc?			
Qu'est-ce qui	ne va pas?		
Direktes Objekt		**Direktes Objekt**	
	Elle doit savoir	**quelque chose.**	Als **direktes Objekt** des Fragesatzes steht • *quoi* im Satz **ohne** Verb; im Satz mit nachgestelltem Fragewort; • *qu'est-ce que* im Fragesatz mit der Wortstellung Subjekt – Prädikat; • *que* in der Inversionsfrage; • *que* oder *quoi* vor einem Infinitiv.
		Quoi donc?	
	Elle sait	**quoi?**	
Qu'est-ce qu'	elle sait?		
Que	sait-elle?		
Que/Quoi	faire?		

Präpositionale Ergänzung		**Präpositionale Ergänzung**	Als **präpositionale Ergänzung** steht *quoi* in Verbindung mit Präpositionen wie *à, de, avec, sur, dans.*
	Marc pense	**à quelque chose.**	
		A quoi?	
A quoi	pense-t-il?		
De quoi	se souvient-il?		

Zu den Fragewörtern der indirekten Frage vgl. **139.**

75 Das zusammengesetzte Interrogativpronomen «lequel»

1. Das Interrogativpronomen *lequel* vertritt im Satz die Nominalgruppe *quel* + Nomen.

	Begleiter + Nomen				**Pronomen**	
Voilà	**Quel**	**disque**	voulez-vous écouter?	Voilà	**Lequel**	voulez-vous écouter?
mes disques.	**Quels**	**disques**		**mes disques.**	**Lesquels**	
Voilà	**Quelle**	**cassette**		Voilà	**Laquelle**	
mes cassettes.	**Quelles**	**cassettes**		**mes cassettes.**	**Lesquelles**	

- Das Interrogativpronomen *lequel* setzt sich zusammen aus dem bestimmten Artikel und der entsprechenden Form des Begleiters *quel,* der in Genus und Numerus mit seinem Beziehungswort übereinstimmt.
- Das Interrogativpronomen *lequel* etc. fragt nach bestimmten Sachen oder Personen aus einer bereits erwähnten Gruppe.

Zum Interrogativbegleiter *quel* vgl. **31.**

2. Das Interrogativpronomen *lequel* kann wie ein Nomen in Verbindung mit Präpositionen stehen.

Nadine est **chez le dentiste.**		– **Chez lequel?**	Elle va **chez lequel?**
Mon père a parlé **avec plusieurs profs.**		– **Avec lesquels?**	**Avec lesquels** est-ce qu'il a parlé?
Ils ont parlé **d'une sœur de Marc.**		– **De laquelle?**	Ils ont parlé **de laquelle?**
Il y a en France			
– de grands ports.	**Lesquels?**		**Desquels** est-ce que nous avons parlé?
– de belles plages.	**Lesquelles?**		**Auxquelles** est-ce que vous pensez?
– de beaux châteaux.	**Lesquels?**		**Auquel** êtes-vous déjà allé(e)(s)?
			Duquel avez-vous vu des photos?

In Verbindung mit den Präpositionen *à* und *de* treten folgende Verschmelzungen ein:
(à + lequel) > **auquel,** (à + lesquels/lesquelles) > **auxquels/auxquelles;**
(de + lequel) > **duquel,** (de + lesquels/lesquelles) > **desquels/desquelles.**

Kapitel 6: Das Verb und seine Formen – Les formes du verbe

5 Die Einteilung der Verbformen

1. Die meisten Sätze enthalten ein **Verb.** Das Verb ist das zentrale Element des Satzes. Beim Verb unterscheidet man den **Stamm** (le radical) und die **Endung** (la désinence).

   Der Stamm gibt die inhaltliche Bedeutung, die Endung trägt grammatische Informationen. Beispiel:

	Bedeutung:		**Grammatische Informationen:**		
	[ʃɑ̃t]		[rɔ̃]	Person:	3. Person (zus. mit dem Personalpronomen)
ils	**chante**	+	**ront**	Numerus:	Plural
	‚singen‘			Tempus:	Futur simple
				Modus:	Indikativ
	Stamm		**Endung**	Satzform:	Aktiv

2. Unter dem Gesichtspunkt der **Bildung** wird unterschieden zwischen
   - **einfachen Formen** (les formes simples), z. B. je parle, je parlais, je parlerais, und
   - **zusammengesetzten Formen** (les formes composées), z. B. j'ai parlé, je vais parler, je suis rentré(e).

3. Verbformen, die Angaben zu Person, Numerus, Tempus und Modus enthalten, heißen **konjugiertes Verb** oder **finite Verbformen** (les formes conjugées). Verbformen, die solche Informationen nicht oder nur teilweise enthalten, sind **infinite Verbformen,** also
   - der **Infinitiv:** parl**er**
   - das **Participe passé:** parl**é**
   - das **Gérondif:** **en** parl**ant**
   - das **Participe présent:** parl**ant.**

   Die zusammengesetzten Verbformen bestehen aus Hilfsverb + Participe passé bzw. Verb + Infinitiv:

   Jean **a** (Hilfsverb) **dormi** (Participe passé).
   Jean **va** **dormir** (Infinitiv).

4. Nach der **Hörbarkeit der Endung** unterscheidet man bei den einfachen Verbformen
   - **endungsbetonte Formen,** d. h. solche mit **hörbarer Endung,** z. B. nous arriv**ons** [arivɔ̃],
   - **stammbetonte Formen,** d. h. solche mit **nicht hörbarer Endung,** z. B. ils arriv**ent** [ariv].

5. Schließlich ist eine Einteilung der Verben nach der **Anzahl ihrer Stämme im Présent** möglich.

   Nur **einen Stamm** in allen Personen des Présent hat z. B. parler: **parl-** [parl].
   Zwei Stämme hat z. B. finir: den Singularstamm **fini-** [fini] und den Pluralstamm **finiss-** [finis].
   Drei Stämme hat z. B. boire: den Singularstamm **boi-** [bwa] und die Pluralstämme **buv-** [byv] und **boiv-** [bwav].

6. Nach den **Endungen des Infinitivs** kann man die französischen Verben in vier Konjugationsgruppen einteilen:
   - Verben auf **-er:** arriver, danser, préférer u. a. (etwa 90% der Verben);
   - Verben auf **-ir:** finir, choisir, partir u. a. (etwa 300 Verben);
   - Verben auf **-re:** attendre, répondre u. a. (etwa 180 Verben);
   - Verben auf **-oir:** avoir, devoir und andere unregelmäßige Verben.

Die einfachen Verbformen – Les formes simples

Die Verben auf «-er» – Les verbes en *-er*

77 Verben auf «-er» mit nur einem Stamm im Présent: Gruppe «parler» sprechen

Présent		**Imparfait**	
je parl**e**	nous parl**ons**	je parlais	nous parlions
tu parl**es**	vous parl**ez**	tu parlais	vous parliez
il parl**e**	ils parl**ent**	il parlait	ils parlaient
Impératif		**Futur simple**	
parle	parlons	je parlerai [parlərɛ]	nous parlerons
	parlez	tu parleras	vous parlerez
		il parlera	ils parleront
Subjonctif présent		**Conditionnel**	
que je parle	que nous parlions	je parlerais [-rɛ]	nous parlerions
que tu parles	que vous parliez	tu parlerais	vous parleriez
qu'il parle	qu'ils parlent	il parlerait	ils parleraient
Gérondif	en parlant	**Participe passé**	parl**é**

Formen der geschriebenen Sprache

Passé simple		**Subjonctif imparfait**	
je parlai	nous parlâmes	que je parlasse	que nous parlassions
tu parlas	vous parlâtes	que tu parlasses	que vous parlassiez
il parla	ils parlèrent	qu'il parlât	qu'ils parlassent

Zur Bildung der zusammengesetzten Formen vgl. **84.**

H 1. Beachte die Inversionsfrage in der 3. Person Singular:

Parl**e-t**-il/elle? [parlətil] — Gleit-*t* zwischen Vokal und *il/elle* im Présent,
Parler**a-t**-il/elle? — Futur simple,
Parl**a-t**-il/elle? — Passé simple.

2. Beachte die 1. und 2. Person Plural beim Imparfait und beim Subjonctif présent der Verben auf *-ier:*

Imparfait: nous cr**ii**ons; vous cr**ii**ez. Stamm *cri-* + Endung *-ions/-iez*
nous étud**ii**ons; vous étud**ii**ez. *étudi-* + Endung *-ions/-iez.*
Subjonctif: que nous cr**ii**ons; que vous étud**ii**ez.

3. Bei den Verben auf *-er* wird an den Imperativ Singular vor *en* und *y* ein *-s* angehängt:

Mange.	Pense.	Ebenso *aller:* Va.
Mange**s**-en [mɑ̃ʒ(ə)zɑ̃]	Pense**s**-y [pɑ̃s(ə)zi]	Va**s**-y [vazi].

8 Verben auf « -er » mit Besonderheiten im Schriftbild

1. Verben auf « -cer » und « -ger »

avancer vorwärtskommen	j' avance nous avancions ils avanceront avancé **c vor e, i**	nous avan**ç**ons j' avan**ç**ais j' avan**ç**ai (en) avan**ç**ant **ç vor a, o**	**Ebenso:** annoncer commencer forcer placer prononcer	 ankündigen anfangen zwingen setzen, stellen, legen aussprechen u. a.
manger essen	je mange nous mangions ils mangeront mangé **g vor e, i**	nous man**ge**ons je man**ge**ais je man**ge**ai (en) man**ge**ant **ge vor a, o**	diriger s'engager nager partager plonger songer (à qc) se venger	richten, lenken, leiten sich verpflichten/binden schwimmen teilen tauchen (an etw.) denken sich rächen u. a.

⚠ 1. Die Verben auf *-cer* und *-ger* behalten in allen Formen das **Lautbild** des Stammes bei, z. B. [avɑ̃s] und [mɑ̃ʒ].
Zur Kennzeichnung der Aussprache steht im **Schriftbild** vor Endungen, die mit *-a* oder *-o* beginnen, ein *-ç* = *c cédille* (statt *-c*) bzw. *-ge* (statt *-g*).

2. Die Verben auf *-guer* behalten das *-u-* in allen Formen, also
nous disting**u**ons, je disting**u**ais, il disting**u**a.

2. Verben auf « -yer »

s'ennuyer [sɑ̃nɥije] sich langweilen	nous nous‿ennuy**ons** vous vous‿ennuy**ez** je me suis‿ennuy**é**(e) nous nous‿ennuy**ions** en m' ennuy**ant** on s' ennuy**ait**	je m' ennu**ie** tu t' ennu**ies** qu'ils s' ennu**ient** je m' ennu**ierai** je m' ennu**ierais**	**Ebenso:** essuyer employer nettoyer envoyer (Futur: j'enverrai)	 abtrocknen ver-/anwenden reinigen schicken, senden u. a.

Bei den Verben auf *-oyer* und auf *-uyer* steht vor nicht hörbarem, nur geschriebenem *-e* ein *-i-* (statt *-y-*).

payer [peje]/[pɛje] (be)zahlen	nous pay**ons** vous pay**ez** j'ai pay**é** nous pay**ions** (en) pay**ant**	je pa**ie** [pɛ] *oder* tu paies qu'ils paient je paierai je paierais	je pa**y**e [pɛj] tu payes qu'ils payent je payerai je payerais	**Ebenso:** balayer kehren, fegen effrayer erschrecken essayer versuchen u. a.

Die Verben auf *-ayer* hingegen können das *-y-* in allen Formen behalten.

⚠ Beachte die Schreibweise der Formen mit der Endung *-ions* und *-iez:*
Imparfait: nous nous ennu**y**+**i**ons; vous pa**y**+**i**ez.
Subjonctif: que nous nous ennu**y**+**i**ons; que vous pa**y**+**i**ez. – Vgl. **77** H 2.

79 Verben auf « -er » mit zwei Stämmen im Présent

Einige Verben auf *-er* haben im Présent zwei Stämme:

- einen **1. Stamm** in den **stammbetonten Formen** (1.–3. Person Sg. und 3. Person Pl.),
- einen **2. Stamm** in den **endungsbetonten Formen** (1. und 2. Person Pl.).

Man unterscheidet folgende Typen:

1. lever (er)heben

		Présent			
		1. Stamm	**2. Stamm**		
←		[lɛv-]	[l(ə)v-] →		
Futur simple:	je lèverai	je lève	nous levons	**Imparfait:**	je levais
Conditionnel:	je lèverais	tu lèves	vous levez	**Passé simple:**	je levai
Subjonctif:	que je lève	il lève		**Passé composé:**	j'ai levé
		ils lèvent		**Gérondif:**	en levant

Ebenso:

acheter	kaufen	geler	frieren	peser	wiegen
enlever	wegnehmen	mener	führen	semer	säen u. a.

2. jeter werfen

		Présent			
		1. Stamm	**2. Stamm**		
←		[ʒɛt-]	[ʒ(ə)t-] →		
Futur simple:	je jetterai	je jette	nous jetons	**Imparfait:**	je jetais
Conditionnel:	je jetterais	tu jettes	vous jetez	**Passé simple:**	je jetai
Subjonctif:	que je jette	il jette		**Passé composé:**	j'ai jeté
		ils jettent		**Gérondif:**	en jetant

Ebenso: appeler rufen: j'appelle [apɛl], nous appelons [aplõ] u. a.

3. préférer vorziehen

		Présent			
		1. Stamm	**2. Stamm**		
←		[prefɛr-]	[prefer-] →		
Fut.s.:	je préférerai [-fɛrrɛ]	je préfère	nous préférons	**Imparfait:**	je préférais
Cond.:	je préférerais [-fɛrrɛ]	tu préfères	vous préférez	**Passé simple:**	je préférai
Subj.:	que je préfère	il préfère		**Passé composé:**	j'ai préféré
		ils préfèrent		**Gérondif:**	en préférant

Ebenso:

espérer	hoffen	compléter	vervollständigen	posséder	besitzen
céder	nachgeben	répéter	wiederholen	exagérer	übertreiben u. a.

Anmerkung: Die Schreibweise *je préfèrerai/préfèrerais* wird in Frankreich nicht mehr als Fehler gewertet.

0 Die Verben auf « -ir » – Les verbes en *-ir*

Die regelmäßigen Verben auf *-ir* haben zwei Stämme im Présent:

- in der Gruppe **finir** den **Singularstamm** [fini] und den **erweiterten Pluralstamm** [finis],
- in der Gruppe **dormir** den **verkürzten Singularstamm** [dɔr] und den **Pluralstamm** [dɔrm].

1. Gruppe « finir » beenden

Présent Singularstamm:	[fini] je finis tu finis il finit	**Pluralstamm:**	[finis] nous finiss**ons** vous finiss**ez** ils finiss**ent**
Impératif Sg.	finis	**Impératif Pl.**	finissons/finissez

Ableitungen aus dem Singularstamm [fini]:		**Ableitungen aus dem Pluralstamm** [finis]:	
Futur simple		**Subjonctif présent**	
je finirai [-rɛ]	nous finirons	que je finisse	que nous finissions
tu finiras	vous finirez	que tu finisses	que vous finissiez
il finira	ils finiront	qu' il finisse	qu' ils finissent
Conditionnel		**Imparfait**	
je finirais [-rɛ]	nous finirions	je finissais	nous finissions
tu finirais	vous finiriez	tu finissais	vous finissiez
il finirait	ils finiraient	il finissait	ils finissaient
Participe passé	fini	**Gérondif**	en finissant

Formen der geschriebenen Sprache

Passé simple		**Subjonctif imparfait**	
je finis	nous finîmes	que je finisse	que nous finissions
tu finis	vous finîtes	que tu finisses	que vous finissiez
il finit	ils finirent	qu' il finît	qu' ils finissent

Ebenso die meisten der Verben auf *-ir*, z. B.:

choisir	auswählen	punir	bestrafen
démolir	abreißen, zerstören	réfléchir	überlegen, nachdenken
grandir	wachsen, größer werden	réussir	Erfolg haben
obéir	gehorchen	rougir	erröten, rot werden u. a.

Zur Bildung der zusammengesetzten Formen vgl. **84.**

2. Gruppe « dormir » schlafen

Présent Singularstamm:	[dɔr] je dors tu dors il dort	**Pluralstamm:**	[dɔrm] nous dorm**ons** vous dorm**ez** ils dorm**ent**
Impératif Sg.	dors	**Impératif Pl.**	dormons dormez

Alle übrigen Formen leiten sich aus dem **Pluralstamm** [dɔrm] ab:

Imparfait		**Futur simple:** [dɔrm] + **-i-** des Infinitivs	
je dormais	nous dormions	je dormirai [-rɛ]	nous dormirons
tu dormais	vous dormiez	tu dormiras	vous dormirez
il dormait	ils dormaient	il dormira	ils dormiront
Subjonctif présent		**Conditionnel:** [dɔrm] + **-i-** des Infinitivs	
que je dorme	que nous dormions	je dormirais [-rɛ]	nous dormirions
que tu dormes	que vous dormiez	tu dormirais	vous dormiriez
qu' il dorme	qu' ils dorment	il dormirait	ils dormiraient
Gérondif	en dormant	**Participe passé**	dormi

Formen der geschriebenen Sprache

Passé simple		**Subjonctif imparfait**	
je dormis	nous dormîmes	que je dormisse	que nous dormissions
tu dormis	vous dormîtes	que tu dormisses	que vous dormissiez
il dormit	ils dormirent	qu' il dormît	qu' ils dormissent

Ebenso:

consentir	einwilligen	partir	abreisen, weggehen	sentir	fühlen; riechen
s'endormir	einschlafen			servir	dienen
mentir	lügen	se repentir	bereuen	sortir	hinaus-, ausgehen u. a.

Zur Bildung der zusammengesetzten Formen vgl. **84.**

81 Die Verben auf «**-re**» – Les verbes en *-re*

1. Gruppe «**rompre**» brechen

Présent	
Singularstamm: [rõ]	**Pluralstamm:** [rõp]
je romps [rõ]	nous romp**ons**
tu romps	vous romp**ez**
il rompt	ils romp**ent**
Impér.: romps	rompons rompez

2. Gruppe «**entendre**» hören

Présent	
Singularstamm: [ɑ̃tɑ̃]	**Pluralstamm:** [ɑ̃tɑ̃d]
j' entends	nous entend**ons**
tu entends	vous entend**ez**
il entend	ils entend**ent**
Impér.: entends	entendons entendez

⚠ Bei den Verben der 2. Gruppe endet der Singularstamm auf *-d;*
hier entfällt die Endung *-t* in der 3. Person Singular. – Vergleiche:

Il descend; **aber:** il romp**t,** il interromp**t** (er unterbricht).

Alle übrigen Formen werden vom **Pluralstamm** [rõp] bzw. [ɑ̃tɑ̃d] abgeleitet:

Imparfait	
je rompais	nous rompions
tu rompais	vous rompiez
il rompait	ils rompaient
Subjonctif présent	
que je rompe	que nous rompions
que tu rompes	que vous rompiez
qu' il rompe	qu' ils rompent
Futur simple	
je romprai	nous romprons
tu rompras	vous romprez
il rompra	ils rompront
Conditionnel	
je romprais	nous romprions
tu romprais	vous rompriez
il romprait	ils rompraient
Gérondif	en rompant
Participe passé	romp**u**

Imparfait	
j' entendais	nous entendions
tu entendais	vous entendiez
il entendait	ils entendaient
Subjonctif présent	
que j' entende	que nous entendions
que tu entendes	que vous entendiez
qu' il entende	qu' ils entendent
Futur simple	
j' entendrai	nous entendrons
tu entendras	vous entendrez
il entendra	ils entendront
Conditionnel	
j' entendrais	nous entendrions
tu entendrais	vous entendriez
il entendrait	ils entendraient
Gérondif	en entendant
Participe passé	entend**u**

Formen der geschriebenen Sprache

Passé simple	
je rompis	nous rompîmes
tu rompis	vous rompîtes
il rompit	ils rompirent
Subjonctif imparfait	
que je rompisse	que nous rompissions
que tu rompisses	que vous rompissiez
qu' il rompît	qu' ils rompissent

Passé simple	
j' entendis	nous entendîmes
tu entendis	vous entendîtes
il entendit	ils entendirent
Subjonctif imparfait	
que j' entendisse	que nous entendissions
que tu entendisses	que vous entendissiez
qu' il entendît	qu' ils entendissent

Ebenso:

1. Wie **rompre:**	interrompre	unterbrechen	corrompre	verderben; bestechen
2. Wie **entendre:**	attendre	warten	répondre	antworten
	défendre	verteidigen; verbieten	tendre	ausstrecken, hinhalten (Hand etc.)
	dépendre	abhängen	vendre	verkaufen u. a.
	perdre	verlieren	**sowie**	
	rendre	zurückgeben	s'entendre	sich verstehen
			se rendre	sich ergeben; sich begeben

Zur Bildung der zusammengesetzten Formen vgl. **84** und **88**.

82 Faustregeln für die Ableitung der einfachen Verbformen

Die einfachen Verbformen der regelmäßigen Verben lassen sich aus einigen Formen bzw. deren Stämmen herleiten.
Man bezeichnet diese Formen bzw. Stämme als **Ableitungsbasen.**

Abgeleitete Formen	Ableitungsbasis	Beispiele		Endungen
1. **• Imparfait**	**Stamm** der **1. Person Plural** des **Présent**	nous **avanç**ons	→ j' avanç**ais** (en) avanç**ant**	**Imparfait** -ais -ais -ait -ions -iez -aient
• Gérondif **• Participe présent**		nous **mange**ons	→ je mange**ais** (en) mange**ant**	
		nous **appel**ons	→ j' appel**ais** (en) appel**ant**	
		nous **employ**ons	→ j' employ**ais** (en) employ**ant**	
		nous **finiss**ons	→ je finiss**ais** (en) finiss**ant**	**Gérondif** -ant
Présent: nous cri + ons **Imparf.:** nous cri + **i**ons		nous **dorm**ons	→ je dorm**ais** (en) dorm**ant**	**Ausnahmen:** ayant; étant; sachant
		nous **entend**ons	→ j' entend**ais** (en) entend**ant**	
2. **• Futur** **• Conditionnel** a) **Verben auf -er**	**1. Person Singular** des **Présent** der Verben auf *-er*	j' **avance** je **mange** j' **achète** j' **appelle** je **jette** j' **emploie**	→ j' avance**rai(s)** → je mange**rai(s)** → j' achète**rai(s)** → j' appelle**rai(s)** → je jette**rai(s)** → j' emploie**rai(s)**	**Futur** -rai -ras -ra -rons -rez -ront
b) **Verben auf -ir**	**Infinitiv ohne -r**	**fini**r **dormi**r	→ je fini**rai(s)** → je dormi**rai(s)**	**Conditionnel** -rais -rais -rait -rions -riez -raient
c) **Verben auf -re**	**Infinitiv ohne -re**	**attend**re **romp**re **batt**re	→ j' attend**rai(s)** → je romp**rai(s)** → je batt**rai(s)**	
3. **Subjonctif présent**	**Stamm** der **3. Person Plural** des **Présent**	ils **finiss**ent ils **dorm**ent ils **attend**ent ils **romp**ent ils **emploi**ent ils **mang**ent	que je finisse que je dorme que j' attende que je rompe que j' emploie que je mange	**Subjonctif** -e -es -e -ions -iez -ent

Beachte: Die in **79** aufgeführten Verben behalten **beide Stämme** des Présent **im Subjonctif** bei. – Beispiele:

Stammbetonte Formen	
ils **achèt**ent	→ que j' achète [aʃɛt]
ils **appell**ent	→ que tu appell**es**
ils **emploi**ent	→ qu' il emploie
ils **jet**tent	→ qu' ils jett**ent**

Endungsbetonte Formen		
nous **achet**ons	→ que nous achet**ions**	[aʃ(ə)tjõ]
nous **appel**ons	→ que vous appel**iez**	[apəlje]
nous **employ**ons	→ que nous employ**ions**	
nous **jet**ons	→ que vous jet**iez**	

Ebenso:	ils **boiv**ent nous **buv**ons	ils **prenn**ent nous **pren**ons	ils **vienn**ent nous **ven**ons
	que je **boive** que nous **buv**ions	que je **prenne** que nous **pren**ions	que je **vienne** que nous **ven**ions u.a.

Anmerkung: Der **Subjonctif imparfait** aller Verben wird von der **2. Person Singular** des **Passé simple** abgeleitet:

tu **appelas** tu **dormis**	→ que j' appe**lasse** → que tu dor**misses**	tu **finis** tu **entendis**	→ qu' ils fini**ssent** → que nous entendi**ssions**
Beachte:	qu' il appel**ât** qu' il dorm**ît**		qu' il fin**ît** qu' il entend**ît**

Diese Formen werden, außer in der 3. Person Singular, selbst in der gehobenen geschriebenen Sprache kaum gebraucht.

Die zusammengesetzten Verbformen – Les formes composées

Die Hilfsverben «avoir» und «être»

Die Verben bilden je nach Konstruktionstyp die zusammengesetzten Formen mit den Verben *avoir* oder *être*. Diese haben folgende Formen:

1. Avoir

Présent	**Futur simple**
j' ai [e/ɛ]	j' **aurai**
tu as	tu auras
il a	il aura
nous avons	nous aurons
vous avez	vous aurez
ils ont	ils auront
Imparfait	**Conditionnel**
j' **avais** [avɛ]	j' **aurais**
tu avais	tu aurais
il avait	il aurait
nous avions [avjõ]	nous aurions
vous aviez	vous auriez
ils avaient	ils auraient

2. Etre

Présent	**Futur simple**
je suis	je **serai** [sərɛ]
tu es	tu seras
il est	il sera
nous sommes	nous serons
vous êtes	vous serez
ils sont	ils seront
Imparfait	**Conditionnel**
j' **étais**	je **serais** [sərɛ]
tu étais	tu serais
il était	il serait
nous étions [etjõ]	nous serions
vous étiez	vous seriez
ils étaient	ils seraient

Subjonctif présent	Impératif
que j' **aie** [ɛ]	
que tu aies	aie [ɛ]
qu' il ait	
que nous **ayons** [ɛjõ]	ayons
que vous ayez	ayez
qu' ils aient [ɛ]	
Participe présent	**Participe passé**
ayant [ɛjɑ̃]	**eu,** e [y]

Subjonctif présent	Impératif
que je **sois**	
que tu sois	sois
qu' il soit	
que nous **soyons**	soyons
que vous soyez	soyez
qu' ils soient	
Participe présent	**Participe passé**
étant	**été**

Formen der geschriebenen Sprache

Passé simple	Subjonctif imparfait
j' **eus** [y]	que j' **eusse**
tu eus	que tu eusses
il eut	qu' il eût
nous eûmes	que nous eussions
vous eûtes	que vous eussiez
ils eurent	qu' ils eussent

Formen der geschriebenen Sprache

Passé simple	Subjonctif imparfait
je **fus**	que je **fusse**
tu fus	que tu fusses
il fut	qu' il fût
nous fûmes	que nous fussions
vous fûtes	que vous fussiez
ils furent	qu' ils fussent

F/D Abweichend vom Deutschen ‚sein' bildet auch das Hilfsverb *être* die zusammengesetzten Formen mit *avoir.* – Vergleiche:

Passé composé: j'**ai** été — ich **bin** gewesen
Plus-que-parfait: j'**avais** été — ich **war** gewesen.

84 Zusammengesetzte Formen mit « avoir/être » + Participe passé

Die zusammengesetzten Formen bestehen aus einer konjugierten Form von *avoir* bzw. *être,* die über die Person und das Tempus bzw. den Modus informiert, und dem Participe passé des betreffenden Verbs.

Zusammengesetzte Formen mit « avoir »

Passé composé	
j' ai	eu/été
tu as	parlé
il a	fini
nous avons	dormi
vous avez	rompu
ils ont	entendu
Subjonctif passé	
que j' aie	eu/été
que tu aies	parlé
qu' il ait	fini
que nous ayons	dormi
que vous ayez	rompu
qu' ils aient	entendu

Zusammengesetzte Formen mit « être »

Passé composé	
je suis / tu es / il est	arrivé / parti / descendu
nous sommes / vous êtes / ils sont	arrivés / partis / descendus
Subjonctif passé	
que je sois / que tu sois / qu' il soit	arrivé / parti / descendu
que nous soyons / que vous soyez / qu' ils soient	arrivés / partis / descendus

Plus-que-parfait		Plus-que-parfait	
j' avais	eu/été	j' étais	arrivé
tu avais	parlé	tu étais	parti
il avait	fini	il était	descendu
nous avions	dormi	nous étions	arrivés
vous aviez	rompu	vous étiez	partis
ils avaient	entendu	ils étaient	descendus

Futur antérieur		Futur antérieur	
j' aurai	eu/été	je serai	arrivé
tu auras	parlé	tu seras	parti
il aura	fini	il sera	descendu
nous aurons	dormi	nous serons	arrivés
vous aurez	rompu	vous serez	partis
ils auront	entendu	ils seront	descendus

Conditionnel passé		Conditionnel passé	
j' aurais	eu/été	je serais	arrivé
tu aurais	parlé	tu serais	parti
il aurait	fini	il serait	descendu
nous aurions	dormi	nous serions	arrivés
vous auriez	rompu	vous seriez	partis
ils auraient	entendu	ils seraient	descendus

Formen der geschriebenen Sprache

Passé antérieur		Passé antérieur	
j' eus	eu/été	je fus	arrivé
tu eus	parlé	tu fus	parti
il eut	fini	il fut	descendu
nous eûmes	dormi	nous fûmes	arrivés
vous eûtes	rompu	vous fûtes	partis
ils eurent	entendu	ils furent	descendus

Plus-que-parfait du subjonctif		Plus-que-parfait du subjonctif	
que j' eusse	eu/été	que je fusse	arrivé
que tu eusses	parlé	que tu fusses	parti
qu' il eût	fini	qu' il fût	descendu
que nous eussions	dormi	que nous fussions	arrivés
que vous eussiez	rompu	que vous fussiez	partis
qu' ils eussent	entendu	qu' ils fussent	descendus

Zur Angleichung des Participe passé in Verbindung mit *être* und *avoir* vgl. **89.**
Zur Bildung des Passivs vgl. **148.**

Anmerkung: In der gesprochenen Sprache gibt es über die Formes composées hinaus sogenannte **Formes surcomposées,** bei denen das Hilfsverb aus einer zusammengesetzten Form besteht. – Beispiele:

Après que M. Lepic **eut parlé,** son fils **prit** la parole. (Geschriebene Sprache)
Après que M. Lepic **a eu parlé,** son fils **a pris** la parole. (Gesprochene Sprache).

85 Das Futur composé – Le futur composé

je vais / tu vas / il va / nous allons / vous allez / ils vont } avoir/être, parler/acheter, finir/dormir, entendre/descendre, arriver/partir, aller	Das Futur composé aller Verben wird gebildet aus dem Présent des Verbs *aller* + **Infinitiv** des betreffenden Verbs.

86 Der Gebrauch von « avoir » und « être »

1. Nous **avons eu** de la chance. Notre voyage **a été** un plein succès.	**Zusammengesetzte Formen mit « avoir » bilden** • die Hilfsverben **avoir** und **être;**
On **a vu** de très belles choses. **J'ai écrit** des cartes à tous mes amis.	• die **transitiven** Verben;
Nous **avons** beaucoup **marché.** Le soir, nous **avons dansé.** Ensuite, on **a** bien **dormi.**	• die **meisten intransitiven** Verben.
2. Nous **nous sommes levés** tard. Ensuite, on **s'est baigné.**	**Zusammengesetzte Formen mit « être » bilden** • die **reflexiven** Verben (vgl. **89,** 3);
J'**ai été invité(e)** deux fois à faire un tour en bateau.	• das **Passiv** (vgl. **148**);
Mme Curie **est née** en 1867, à Varsovie. Elle **est morte** en France, en 1934.	• einige **intransitive** Verben.

1. Intransitive Verben, die mit « être » konstruiert werden

Die intransitiven Verben, die mit **être** verbunden werden, sind in der Mehrzahl Verben, die eine **Bewegungsrichtung** ausdrücken, z. B.

aller	gehen, fahren	↔	(re)venir	(zurück)kommen	**sowie**	devenir	werden
partir	weggehen, abfahren	↔	arriver	ankommen		naître	geboren werden
		↔	rentrer/retourner	zurückkehren		mourir	sterben
sortir	hinausgehen	↔	entrer	eintreten		tomber	fallen
	ausgehen	↔	rentrer	heimgehen/-kommen		rester	bleiben

2. Intransitive Verben, die mit « avoir » konstruiert werden

F/D Abweichend vom Deutschen wird im Französischen eine Reihe von Verben, die eine **Bewegungsart** (nicht eine Bewegungsrichtung) bezeichnen, mit *avoir* konstruiert. – Beispiele:

Nous **avons** beaucoup **marché** hier. Elle **a sauté** de joie en apprenant cette nouvelle.

Mit **avoir** verbunden werden u. a.

marcher	(zu Fuß) gehen	nager	schwimmen	fuir	fliehen
courir	schnell gehen, laufen	voler	fliegen	voyager	reisen
sauter	springen	errer	umherirren	rouler	*Fahrzeug:* fahren

Verben mit intransitivem und transitivem Gebrauch

Einige Verben, z. B. *descendre, monter, sortir, rentrer, retourner,* können intransitiv (ohne direktes Objekt) und transitiv gebraucht werden. Sie wechseln dann jedoch ihre Bedeutung. – Beispiele:

Claude **est descendu** à la cave. Il **a** **descendu des bouteilles.** Il **a** **descendu l'escalier** en vitesse.	La concierge **est montée** chez M. Dufy. Elle lui **a** **monté** **le courrier.** Elle **a** **monté** **les escaliers** avec peine.

- Wenn die Verben dieser Gruppe **intransitiv** gebraucht werden, bilden sie die zusammengesetzten Formen mit **être.**
- Bei **transitivem** Gebrauch verlangen sie **avoir.**

Unterscheide:

Intransitives Verb (mit *être*)		**Transitives Verb** (mit *avoir*)	
sortir	(hin)ausgehen	sortir qc (de)	etw. herausholen (aus)
sortir (de qc)	herauskommen (aus)	sortir qn	jdn ausführen
monter	hinaufgehen	monter qc	etw. hinaufbringen
monter par l'escalier	die Treppe benutzen	monter l'escalier	die Treppe hinaufgehen
monter (dans qc)	einsteigen		
descendre	hinuntergehen	descendre qc	etw. hinunterbringen
descendre (de qc)	aussteigen (aus)	descendre la rue	die Straße hinuntergehen
rentrer	nach Hause gehen/ kommen	rentrer qc	etw. hinein-/herein-bringen/-holen/-fahren
retourner	zurückkehren	retourner une lettre	einen Brief zurückschicken
		retourner qc	etwas umdrehen

Zur Angleichung des Participe passé vgl. **89,** 1. + 2.

Anmerkung: Mit *avoir* und *être* können noch einige andere Verben konstruiert werden. Das Passé composé mit *avoir* bezeichnet in der Regel einen Vorgang. Das Passé composé mit *être* bezeichnet eher das Ergebnis eines Vorgangs oder einen Zustand. – Unterscheide:

Le voyage m'**a** paru très court.	... ist mir sehr kurz vorgekommen.	(Vorgang)
Cette grammaire **est parue** depuis un an.	... liegt vor.	(Zustand)
Cette année, l'hiver **a** passé vite.	... ist schnell vorübergegangen.	(Vorgang)
Heureusement, l'hiver **est passé.**	... ist vorbei.	(Ergebnis)

Aber nur: Qu'est-ce qui **s'est** passé? Was ist passiert?

Wenn *passer* (vorbeikommen/vorbeigehen) ein Personensubjekt hat, steht immer *être.*
Beispiel: Le facteur **est** déjà **passé.**

8 **Die reflexiven Verben** – Les verbes pronominaux

Die reflexiven Verben haben folgende Kennzeichen:

- Sie haben ein Reflexivpronomen bei sich (me, te, se, nous, vous), das sich auf das Subjekt zurückbezieht.
- Sie bilden die zusammengesetzten Formen mit *être.*

Zu den unterschiedlichen Funktionen des Reflexivpronomens vgl. **98.**

Présent				Passé composé: je **me suis** défendu(e) elle **s' est** inquiétée
je	**me** défends	je	**m'** inquiète	
tu	**te** défends	tu	**t'** inquiètes	**Futur composé:** je vais **me** défendre on va **s'** inquiéter
il	**se** défend	il	**s'** inquiète	
elle	**se** défend	elle	**s'** inquiète	
on	**se** défend	on	**s'** inquiète	**Impératif**
nous	**nous** défendons	nous	**nous** inquiétons	
vous	**vous** défendez	vous	**vous** inquiétez	défends-**toi** / ne **t'** inquiète pas
ils	**se** défendent	ils	**s'** inquiètent	défendons-**nous** / ne **nous** inquiétons pas
elles	**se** défendent	elles	**s'** inquiètent	défendez-**vous** / ne **vous** inquiétez pas

Für die Stellung der Reflexivpronomen gelten die gleichen Regeln wie für die anderen verbundenen Objektpronomen (vgl. **58 – 60**).

89 Die Angleichung des Participe passé – L'accord du participe passé

1. Die Veränderlichkeit des Participe passé in Verbindung mit « être »

Les portes	**étaient**	ouvertes.		**Beziehungswort:** Les portes
Jacqueline	**est**	entrée	sans frapper.	Jacqueline

Das mit *être* verbundene Participe passé richtet sich – außer bei den reflexiven Verben – in Genus und Numerus nach dem **Subjekt** des Satzes.

2. Die Veränderlichkeit des Participe passé in Verbindung mit « avoir »

Mme Jacquet	**a**	travaillé	toute la journée.	**Kein Beziehungswort**
Le soir, son mari	**a**	fait	la vaisselle.	
Ensuite, ils	**ont**	regardé	la télévision.	

Das mit *avoir* verbundene Participe passé ist **unveränderlich,** wenn dem Verb kein direktes Objekt vorangeht.
Es ist jedoch **veränderlich,** wenn dem Verb ein **direktes Objekt vorangeht.**

Das **vorangehende Objekt** kann sein:

Voilà **la lettre**	**que**	tu	**as**	**écrite.**	[ekrit]	1. das **Relativpronomen que;**
Corrige **les fautes**	**que**	tu	**as**	**faites.**	[fɛt]	
Regarde **ces photos.**						2. ein **direktes Objektpronomen;**
C'est Annie qui	**les**		**a**	**prises.**	[priz]	
Elle	**nous**		**avait**	rencontr**és** en ville.		
Combien de disques			**as**-tu	achet**és?**		3. die **Fragewörter combien de** + Nomen, **quel** + Nomen; **lequel** (**de** + Nomen).
Quels livres			**as**-tu	choisis?		
Lesquels (de ces livres)			**as**-tu	déjà **lus?**		

Im **Schriftbild** wird das Participe passé in den oben genannten Fällen immer verändert.
Im **Lautbild** ist die weibliche Form des Participe passé nur bei wenigen Verben hörbar, z. B. bei *dite* [dit], *écrite* [ekrit], *faite* [fɛt], *mise* [miz], *prise* [priz].

1. Bei vorangehendem *en* wird das Participe passé nicht verändert. – Beispiel:

   Et des timbres, tu **en** as acheté combien?

2. Bei *fait* + Infinitiv wird das Participe passé nicht verändert. – Beispiel:

   Je **les** ai **fait chercher** partout. Ich habe sie überall suchen lassen.

3. Die Veränderlichkeit des Participe passé beim reflexiven Verb

Das Participe passé der reflexiven Verben wird zwar mit *être* verbunden, doch gelten dieselben Regeln wie beim Participe passé mit *avoir*.

Elle s'	est lavé	**les mains.**	• Das Participe passé bleibt **unverändert,** wenn das Reflexivpronomen **indirektes Objekt** ist. Dies ist immer der Fall in Sätzen mit nominalem direktem Objekt.
Ils se	sont écrit	**plusieurs lettres.**	
Elles se	sont dit	**adieu.**	
ind O		**dir** O	

Elle s'	**est**	lavée.	• Das Participe passé wird **angeglichen,** wenn das Reflexivpronomen **direktes Objekt** ist oder wenn dem Verb ein anderes **direktes Objekt** (z. B. *que*) **vorangeht** (vgl. **89,** 2).
Elles s'	**étaient**	assises.	
Les lettres qu'	ils **se sont**	écrites …	
dir O			

Zu den Funktionen des Reflexivpronomens vgl. **98.**

Bei den reflexiven Verben, bei denen das Reflexivpronomen fester Bestandteil des Verbs ist (vgl. **97,** 2), wird das Reflexivpronomen wie ein direktes Objekt behandelt.

Beispiele: elle **s'** est dépêch**ée**;
ils **se** sont méfi**és**.

Kapitel 7: Das Verb und seine Ergänzungen
Les compléments du verbe

90 Die strukturellen Eigenschaften des Verbs

Das Verb ist der strukturelle **Kern der Verbalgruppe.** Es hat die Eigenschaft, unterschiedliche **Ergänzungen** an sich zu binden.
Dazu eröffnet das Verb **Strukturstellen,** die durch eine Ergänzung besetzt werden können oder besetzt werden müssen. – Beispiele:

	Verbalgruppe							**Satzbauplan**
Eric ←	**se dépêche.**							**S** + **V**
Il ←	**va**	→					**dans une librairie.**	**S** + **V** + adv**B**
Il ←	**choisit**	→	**un livre.**					**S** + **V** + dir**O**
Il ←	**va offrir**	→	**ce livre**	→	**à son amie.**			**S** + **V** + dir**O** + ind**O**
	Verb	→	**Verbergänzungen**					
Subjekt	**Verb** (Prädikatskern)	→	**dir. Objekt**	→	**indir. Objekt**	→	**adverbiale Bestimmung**	
Subjekt	**Prädikat**							

In diesen Beispielen weisen die Verben innerhalb der Verbalgruppe folgende Strukturstellen auf:

- se dépêcher: keine Strukturstelle für eine Ergänzung;
- aller: eine Stelle für eine adverbiale Bestimmung;
- choisir: eine Stelle für ein direktes Objekt;
- offrir: eine Stelle für ein direktes Objekt + eine Stelle für ein indirektes Objekt.

Je nach Art und Anzahl der Ergänzungen, die ein Verb bei sich haben kann, ergeben sich unterschiedliche **Satzbaupläne.**

Nach den möglichen Objektergänzungen der Verben unterscheidet man

- Verben **ohne** Strukturstelle für ein Objekt *(se dépêcher, aller)* = Verbes **intransitifs**
- Verben **mit** Strukturstellen für Objekte *(choisir qc, offrir qc à qn)* = Verbes **transitifs.**

Zu den Infinitivergänzungen des Verbs vgl. **100.**

Anmerkung: Die Strukturstellen, die das Verb für Ergänzungen eröffnet, müssen nicht bei allen Verben immer besetzt sein. So kann man z. B. je nach Situation und Redeabsicht sagen:

Eric écrit. — Eric écrit **à Nicole.**
Eric écrit **une lettre.** — Eric écrit **une lettre à Nicole.**

Aber nur: Nicole habite **à Foix.**

Die Ergänzungen des Verbs *écrire* sind **fakultativ,** d. h. nicht notwendig.
Die Ergänzung des Verbs *habiter* hingegen ist **obligatorisch.**

Nominale Ergänzungen des Verbs – Les compléments nominaux du verbe

1 Verben mit direktem Objekt

Die französischen Verben dieser Gruppe stimmen in den meisten Fällen mit den entsprechenden deutschen Verben in der Konstruktion überein.

Einigen Verben, die im Französischen ein direktes Objekt haben, entsprechen im Deutschen Verben mit Dativobjekt oder präpositionalem Objekt. – Beispiele:

Tu ne veux pas **aider ton frère? Aide-le** donc.	...**deinem** Bruder helfen? Hilf **ihm** doch!
Suivez le guide.	Folgen Sie **dem** Fremdenführer/Führungsleiter.
N'oublie pas de **remercier M. Larose.**	Vergiß nicht, **(dem)** Herrn Larose zu danken.

Verben dieser Gruppe sind z. B.

aider **qn**	jdm helfen	attendre **qn/qc**	auf jdn/etw. warten, jdn/etw. erwarten
applaudir **qn**	jdm Beifall spenden	contredire **qn/qc**	jdm/einer Sache widersprechen
écouter **qn**	jdm zuhören	croire **qn/qc**	jdm/etw. glauben
féliciter **qn**	jdm gratulieren	rencontrer **qn/qc**	jdm begegnen/auf etw. treffen, stoßen
remercier **qn**	jdm danken	suivre **qn/qc**	jdm/einer Sache folgen

Zu *féliciter qn* und *remercier qn* vgl. **95.**

2 Verben mit à-Objekt

1. Den meisten Verben mit à-Objekt entspricht im Deutschen ein Verb mit Dativobjekt. Beispiel:

– Est-ce que cela **plaira à tes amis?**	– Vous **avez consenti à ce projet?**
– Bien sûr, cela **leur plaira.**	– Non, je n'**y ai** pas encore **consenti.**

Verben dieser Gruppe sind z. B.:

appartenir **à** qn/qc	jdm gehören	obéir **à** qn	jdm gehorchen
consentir **à** qc	einer Sache zustimmen	plaire **à** qn	jdm gefallen
convenir **à** qn/ **à** qc	jdm zusagen/ zu etw. passen	résister **à** qn/**à** qc	jdm/einer Sache widerstehen
nuire **à** qn/qc	jdm/einer Sache schaden	servir **à** qc	zu etw. nützlich sein, einer Sache dienen

Wird bei diesen Verben das nominale *à*-Objekt durch ein Pronomen ersetzt, so steht für **Personen** in der Regel **lui** und **leur,** für **Sachen** meist **y.**

2. Einer Reihe von Verben mit *à*-Objekt entsprechen im Deutschen Verben mit anderen Konstruktionen. – Beispiele:

– Tu as **parlé à** Mme Dupont?	– Hast du **mit** Mme Dupont gesprochen?
– Oui, je **lui** ai **parlé** ce matin.	– Ja, ich habe heute morgen **mit ihr** gesprochen.
– Pourquoi as-tu **menti à** ton père?	– Warum hast du **deinen** Vater belogen?
– Mais je ne **lui** ai pas **menti!**	– Ich habe **ihn** doch nicht belogen!

Verben mit **unterschiedlicher Konstruktion** im Französischen und Deutschen sind z. B.:

mentir **à** qn	**jdn** belügen	parler **à** qn	**mit** jdm sprechen
répondre **à** qc	**etw.** beantworten	participer **à** qc	**an** etw. teilnehmen
survivre **à** qn/qc	**jdn/etw.** überleben	prendre part **à** qc	**an** etw. teilnehmen
téléphoner **à** qn	**jdn** anrufen	penser **à** qn/qc	**an** jdn/etw. denken
		réfléchir **à/sur** qc	**über** etw. nachdenken
assister **à** qc	**bei** etw. zugegen sein	renoncer **à** qc	**auf** etw. verzichten
contribuer **à** qc	**zu** einer Sache beitragen	tenir **à** qn/qc	**an** jdm hängen, **auf** etw. Wert legen

Die Personenobjekte dieser Verben werden durch die entsprechenden verbundenen Objektpronomen ersetzt: Je **lui** parlerai de cette affaire.

⚠ **Ausnahme:** Je **penserai** toujours **à toi.** Je **tiens** beaucoup **à elle.**

93 Verben mit de-Objekt

Pierre **a besoin de 500 francs.**	Pierre braucht/benötigt 500 F.
Il **en a besoin** tout de suite.	Er braucht sie sofort.
Je **meurs de faim.**	Ich sterbe/falle um vor Hunger.
Il fait beau temps. **Profitons-en.**	Laßt es uns ausnutzen.

Verben und verbale Ausdrücke mit *de*-Objekt sind z. B.:

avoir besoin **de** qn/qc	jdn/etw. brauchen	douter **de** qc	**an** etw. zweifeln
jouir **de** qc	etw. genießen	mourir **de** qc	**an** etw./**vor** etw. sterben
profiter **de** qc	etw. ausnutzen	rêver **de** qn/qc	**von** jdm/etw. träumen.

⚠ Das nominale Personenobjekt dieser Verben wird durch *de* + unverbundenes Pronomen ersetzt, das Sachobjekt durch *en:*

Cette nuit, j'ai rêvé **de toi.** – On n'**en** parle plus, **de ce voyage.**

H Einige Verben schließen das indirekte Objekt mit anderen Präpositionen als *de* und *à* an. Beispiele:

Je n'ai pas **insisté sur** ma proposition.	insister **sur** qc	auf etw. bestehen
Est-ce qu'on peut **compter sur** eux?	compter **sur** qn/qc	sich auf jdn/etw. verlassen
Notre appartement **consiste en** cinq pièces.	consister **en** qc	aus etw. bestehen
Il faut **protester contre** cette décision.	protester **contre** qc	gegen etw. Einspruch erheben

94 Verben mit direktem Objekt und mit à-Objekt

Gérard	**présentera**	**son amie**	**à ses parents.**	Il **la leur** présentera demain.
Michèle	**a prêté**	**des disques**	**à Nadine.**	Elle **lui en** a prêté trois.
Subjekt	+ **Verb**	+ **dir. Objekt**	+ **à-Objekt**	Zur Stellung der Pronomen vgl. **58–60.**

Zu dieser Gruppe gehören z. B. folgende Verben:

Mit gleicher Konstruktion wie das dt. Verb		Mit abweichender Konstruktion	
apprendre **qc à qn**	jdm etw. beibringen	demander **qc à qn**	jdn **nach** etw. fragen/ jdn **um** etw. bitten
conseiller **qc à qn**	(an)raten	enseigner **qc à qn**	jdn **in** etw. unterrichten
défendre **qc à qn**	verbieten	rappeler **qc à qn**	jdn **an** etw. erinnern
devoir **qc à qn**	schulden	emprunter **qc à qn**	etw. **von** jdm ausleihen/ borgen
enlever **qc à qn**	ab-/wegnehmen	condamner **qn à qc** [kõdane]	jdn **zu** etw. verurteilen
interdire **qc à qn**	untersagen		
prêter **qc à qn**	leihen, borgen		
reprocher **qc à qn**	vorwerfen		
présenter **qn à qn**	jdn jdm vorstellen		

Statt eines nominalen direkten Objekts steht nach einigen dieser Verben (z. B. *conseiller, défendre, interdire, dire*) vorzugsweise *de* + Infinitiv. – Beispiele:

Le docteur a **conseillé** au malade **de rester** au lit.
Il lui a **défendu de fumer** et **interdit de boire** de l'alcool.

5 Verben mit direktem Objekt und mit de-Objekt

On	**a chargé**	**Jean-Claude**	**d'un travail important.**	On **l'en** a chargé.
J'	**ai félicité**	**Jean-Claude**	**de ce beau succès.**	
S	+ **Verb**	+ **dir. Objekt**	+ **de-Objekt**	Zur Stellung der Pronomen vgl. **58–60.**

Verben dieser Gruppe sind z. B.:

avertir **qn de qc**	jdn **vor** etw. warnen	munir **qn/qc de qc**	jdn/etw. **mit** etw. versehen/ ausstatten
charger **qn de qc**	jdn **mit** etw. beauftragen	sauver **qn/qc de qc**	jdn/etw. **vor** etw. retten
féliciter **qn de qc**	jdn **zu** etw. beglückwünschen	priver **qn de qc**	**jdm etw.** entziehen
prévenir **qn de qc**	jdn **von** etw. benachrichtigen	remercier **qn de qc**	**jdm für** etw. danken

Bei den Verben dieser Gruppe bezeichnet das **direkte** Objekt in der Regel eine **Person** und das **de-Objekt** eine **Sache.**

6 Übersicht: Verben mit unterschiedlicher Ergänzungsstruktur

Eine Reihe von Verben kann auf verschiedene Weise konstruiert werden.
Je nach Konstruktion kann ihre Entsprechung im Deutschen wechseln. – Beispiele:

1. changer		
Le temps a changé.	changer	sich (ver)ändern
J'ai changé **1000 francs/ l'eau des fleurs.**	changer qc	umwechseln, eintauschen, auswechseln
J'ai changé **de chemise/d'avis.**	changer de qc	etw. wechseln/ändern
Attends. Je vais vite **me** changer.	se changer	sich umziehen

2. croire		
Elle a menti. On ne **la** croit plus.	croire qn/qc	jdm/etw. glauben
Je ne crois pas **aux horoscopes.**	croire à qc	an etw. glauben
Beaucoup de gens ne croient pas **en Dieu.**	croire en Dieu	an Gott glauben
Je **le** croyais **mon ami.**	croire qn qc	halten für
3. demander		
Je demande **une excuse.**	demander qc/qn	etw. verlangen,
On demande **Olivier** au téléphone.		nach jdm fragen
Je voudrais demander	demander qc à qn	jdn nach etw. fragen/
un petit service (Gefälligkeit) **à M. Leroc.**		um etw. bitten
4. jouer		
Nous avons joué **au football.**	jouer à qc	ein Spiel spielen
Ma sœur joue **du violon.**	jouer de qc	ein Instrument spielen
Cela ne joue **aucun rôle.**	jouer un rôle	eine Rolle spielen
5. manquer		
Il y a trois élèves qui manquent.	manquer	fehlen
Ce matin, j'ai manqué **le bus.**	manquer qc	etw. verpassen
L'argent ne **lui** manque pas, mais l'imagination.	manquer à qn	jdm fehlen
Tu es très jeune. Tu manques encore **d'expérience.**	manquer de qc	jdm an etw. fehlen
Tu as manqué **à ton devoir.**	manquer à qc	etw. vernachlässigen,
Ne manque pas **à ta promesse.**		(Versprechen) nicht halten
6. parler		
Tu parles toute la journée.	parler	reden, sprechen
Mon père parle **plusieurs langues.**	parler qc	eine Sprache sprechen
Je ne **lui** parle plus.	parler à qn	mit/zu jdm sprechen
Je vois que vous parlez **avec des amis.**	parler avec qn	sich mit jdm unterhalten
On a parlé **de ton frère/de ton voyage.**	parler de qn/de qc	über jdn/etw. sprechen
Tu **leur** as parlé **de tes vacances**?	parler à qn de qc	jdm von etw. erzählen
Aber: Raconte-moi ton voyage.	raconter qc	(von) etw. erzählen
7. servir		
Je **vous** sers tout de suite.	servir qn	jdn bedienen
Cela ne sert **à rien.**	servir à qc	zu etw. nützlich sein
Je **te** sers **une bière?**	servir qc à qn	jdm etw. servieren
Cela **lui** servira **de leçon** (Lehre).	servir à qn de qc	jdm als etw. dienen
La voiture, je ne **m'en** sers plus.	se servir de qc	etw. benutzen

Beachte: Bei *croire* (jdm/etw. glauben) kann nur **ein** Objekt bzw. Objektpronomen stehen:
Je **te** crois. ... dir. Je **le** crois ... es. Je crois **ce que tu dis.** Ich glaube **es dir.**

F/D Einer Reihe von Verben, die im Deutschen unpersönlich konstruiert werden, entspricht im Französischen ein Verb mit persönlichem Subjekt. Solche Verben sind u. a.:

J'ai chaud/froid.	**Mir** ist warm/kalt.	**Je** suis content(e) que Luc soit venu.	**Es** freut mich, daß Luc gekommen ist.
Je suis arrivé(e)/ **J'**ai réussi à le convaincre.	**Es** ist **mir** gelungen, ihn zu überzeugen.	**Vous** manquez de courage.	**Es** fehlt **Ihnen** an Mut.
		On frappe.	**Es** hat geklopft.
Comment allez-**vous**?	Wie geht **es Ihnen**?	**On** sonne.	**Es** klingelt/hat geläutet.

Die reflexiven Verben – Les verbes pronominaux

7 Typen reflexiver Verben

Reflexive Verben sind Verben, deren Objektpronomen ein Reflexivpronomen ist.
Man kann zwei Typen von reflexiven Verben unterscheiden:

1. Reflexive Verben, die auch nicht-reflexiv gebraucht werden können. – Beispiele:

Jacques	**cache**	**son argent.**	Joëlle	**regarde**	**son père.**
…	versteckt sein Geld.		…	sieht ihren Vater an.	
Il **se**	**cache.**		Elle **se**	**regarde** dans la glace.	
…	versteckt sich.		…	betrachtet sich im Spiegel.	

Bei einigen Verben haben die reflexive und die nicht-reflexive Form des französischen Verbs im Deutschen verschiedene Entsprechungen. – Unterscheide:

appeler qn	jdn rufen	s'appeler	heißen
arrêter qn/qc	jdn/etw. anhalten, jdn verhaften	s'arrêter	stehen bleiben, anhalten (Fahrzeug)
attendre qn/qc	jdn/etw. erwarten	s'attendre à qc	auf etw. gefaßt sein
baigner qn	jdn baden	se baigner	baden (im Meer/Schwimmbad)
coucher qn	jdn hinlegen	se coucher	sich hinlegen, zu Bett gehen
éteindre qc	etw. löschen	s'éteindre	erlöschen, ausgehen (Feuer, Kerze)
lever qc	etw. hochheben	se lever	aufstehen, sich erheben
promener qn	jdn spazierenführen	se promener	spazierengehen
réveiller qn	jdn wecken	se réveiller	aufwachen
terminer qc	etw. beenden	se terminer	zu Ende gehen
tromper qn	jdn betrügen	se tromper	sich täuschen/irren

2. Reflexive Verben, die nur reflexiv gebraucht werden.

Bei diesen Verben ist das Reflexivpronomen fester Bestandteil des Verbs. – Beispiele:

Si **tu te moques** de moi,	Wenn du dich über mich lustig machst,
je m'en vais tout de suite.	gehe ich sofort (weg).

Zu dieser Gruppe gehören z. B. die Verben

s'écrier	ausrufen	se méfier de qn/qc	mißtrauen
s'en aller	(weg-)gehen	se moquer de qn/qc	sich lustig machen
s'enfuir	fliehen	se réfugier quelque part	(sich) flüchten
se dépêcher	sich beeilen	se souvenir de qn/qc	sich erinnern

Einige Verben, die im Französischen nicht-reflexiv gebraucht werden, haben im Deutschen eine reflexive Entsprechung, z. B.:

avoir honte	sich schämen	bouger	sich rühren	séjourner	sich aufhalten
changer	sich ändern	remuer	sich bewegen	tourner	sich drehen

98 Die Funktionen des Reflexivpronomens

Um zu entscheiden, ob das Participe passé verändert wird oder nicht, ist es wichtig zu wissen, ob das Reflexivpronomen direktes oder indirektes Objekt ist.

1. Wie im Deutschen ist das Reflexivpronomen **indirektes** Objekt, wenn das Verb eine andere Ergänzung hat, die direktes Objekt ist.

Unterscheide:

Je	**me**	**suis lavé**	**les cheveux.**
Elle	**s'**	**est lavé**	**les cheveux.**
Ils	**se**	**sont lavé**	**les cheveux.**
	ind O		**dir O**

Je	**me**	**suis lavé(e).**
Elle	**s'**	**est lavée.**
Ils	**se**	**sont lavés.**
	dir O	

2. Wenn das Verb **kein weiteres Objekt** bei sich hat, ist das Reflexivpronomen direktes Objekt oder indirektes Objekt, je nachdem, mit welchem Objekt das Verb bei nicht-reflexivem Gebrauch konstruiert wird.

Unterscheide:

Nous **nous** sommes **écrit** pendant des années. Pierre et sa sœur ne **se** sont pas **parlé** depuis longtemps.	écrire **à qn** parler **à qn**
Ils **se** sont **salués** froidement. Vous **vous** êtes **revus** depuis?	saluer **qn** revoir **qn**

Verben dieser Gruppen sind z. B.:

se = indirektes Objekt		
s'écrire	sich (gegenseitig) schreiben	(écrire **à qn**)
se parler	miteinander sprechen	(parler **à qn**)
se plaire	einander gefallen	(plaire **à qn**)
se nuire	sich schaden	(nuire **à qn**)
se succéder	sich (im Amt) folgen	(succéder **à qn**)

se = direktes Objekt		
se saluer	sich grüßen	(saluer **qn**)
se revoir	sich wiedersehen	(revoir **qn**)
s'aimer	sich lieben	(aimer **qn**)
se respecter	sich achten	(respecter **qn**)
se détester	sich nicht ausstehen können/hassen	(détester **qn**)

Zur Veränderlichkeit des Participe passé vgl. **89,3.**

H Bei den Verben, die **nur reflexiv** gebraucht werden, wird das Reflexivpronomen wie ein **direktes** Objekt behandelt. – Beispiele:

Nous **nous** sommes **dépêchés** pour attraper le bus.
Les voleurs **s'**étaient **enfuis** avant l'arrivée de la police.

99 Die wichtigsten reflexiven Verben und ihre präpositionalen Ergänzungen

il s'agit **de qn/qc**	es geht/handelt sich um	s'étonner **de qn/qc**	sich wundern über
s'approcher **de qn/qc**	sich jdm/etw. nähern	se méfier **de qn/qc**	jdm/etw. mißtrauen
se contenter **de qc**	sich zufrieden geben mit	se moquer **de qn/qc**	sich lustig machen über
se douter **de qc**	etw. ahnen	se nourrir **de qc**	sich ernähren von

s'occuper **de qn/qc**	sich kümmern um	se défendre **de/contre qc**	sich schützen vor/ verteidigen gegen
s'occuper **de qc**	sich beschäftigen mit	se protéger **de/contre qc**	sich schützen vor
se plaindre **de qn/qc**	sich beklagen über	s'adresser **à qn**	sich wenden an
se plaindre **(à qn) de qn/qc**	sich (bei jdm) beschweren über	s'habituer **à qn/qc**	sich gewöhnen an
se servir **de qc**	sich einer Sache bedienen	s'intéresser **à qn/qc**	sich interessieren für
se souvenir **de qn/qc** } se rappeler **qn/qc** }	sich erinnern an	se rendre **chez qn/à…**	sich begeben zu/nach
		se fiancer **avec qn**	sich verloben mit
		se marier **avec qn**	jdn heiraten

⚠ Die meisten reflexiven Verben schließen eine präpositionale Ergänzung mit *de* an, nur wenige verlangen *à* oder eine andere Präposition.

Infinitivergänzungen des Verbs

0 Nominale Ergänzung und Infinitivergänzung

Bei einer großen Anzahl von Verben kann statt einer nominalen Ergänzung auch eine Infinitivergänzung stehen. – Beispiele:

	Nominale Ergänzung
Les ouvriers arrêtent	**le travail.**
Pierre se met	**au travail.**
Il aime	**le travail.**

	Infinitivergänzung
Les ouvriers arrêtent	**de travailler.**
Pierre se met	**à travailler.**
Il aime	**travailler.**

- Die Infinitivgruppe kann ohne Präposition oder mit den Präpositionen *à* und *de* an das Verb angeschlossen werden.
- Sie steht in vielen Fällen an der Stelle eines direkten oder indirekten Objekts.

)1 Der Infinitiv ohne Präposition

Ohne Präposition steht der Infinitiv

1. nach Modalverben

Joëlle ne **peut** pas **dormir.**	…kann nicht schlafen.	Elle **semble** pourtant **être** fatiguée.	…scheint… müde **zu** sein.

Verben dieser Gruppe sind z. B.:

devoir faire qc	müssen/sollen	sembler faire qc	etw. **zu** tun scheinen
pouvoir faire qc	können (in der Lage sein)	paraître être + Adj.	etw. zu sein scheinen
savoir faire qc	können (gelernt haben)	oser faire qc	etw. zu tun wagen.

2. nach Verben der Wahrnehmung und nach den meisten Verben des Denkens und Meinens

On **regardait** le soleil **se coucher.** J'ai **vu** un homme **marcher** dans la rue, et j'ai **entendu** (quelqu'un) **ouvrir** le garage.	J'ai **cru entendre** un bruit. Il a **reconnu avoir menti.** On **compte partir** samedi.

Verben der **Wahrnehmung** sind z. B.:

voir	qn/qc faire qc	sehen	wie jd etw. tut; wie etw. geschieht
regarder	qn/qc faire qc	(zu)sehen	
entendre	qn/qc faire qc	hören	
écouter	qn/qc faire qc	(zu)hören	
sentir	qn/qc faire qc	fühlen	

Verben des **Denkens und Meinens** sind z.B.:

compter	faire qc	beabsichtigen	etw. zu tun
croire	faire qc	glauben	
espérer	faire qc	hoffen	
penser	faire qc	vorhaben	
reconnaître	avoir fait qc	zugeben, etw. getan zu haben	

Das direkte Objekt **quelqu'un** entfällt manchmal: J'ai entendu (quelqu'un) jouer de la guitare.

3. nach Verben der Bewegungsrichtung

Nadine est **partie faire** des courses.	...ist weggegangen, um Besorgungen zu machen.
Elle **passera** vous **dire** bonjour.	Sie wird vorbeikommen, um Ihnen „Guten Tag" zu sagen.

Verben der **Bewegungsrichtung** sind z. B.:

aller	faire qc	gehen	um etw. zu tun
venir	faire qc	kommen	
monter	faire qc	hinaufgehen, heraufkommen	
descendre	faire qc	hinuntergehen, herunterkommen	
passer	faire qc	vorbeigehen, vorbeikommen	um etw. zu tun
partir	faire qc	weggehen	
sortir	faire qc	ausgehen	
sowie			
envoyer	qn faire qc	jdn schicken, etw. zu tun	

Zur Verwendung von *aller faire qc* als Futur composé vgl. **85.**

⚠ Bei den meisten dieser Verben (außer bei *aller*) kann auch der Infinitiv mit *pour* stehen:
– Pourquoi es-tu descendu? – Je suis descendu **pour** acheter le journal.

4. nach bestimmten Verben der Willensäußerung

– Vous **aimeriez sortir** ce soir?	Möchten Sie heute abend ausgehen?
– Non. Je **préfère rester** à la maison.	Nein. Ich bleibe lieber zu Hause.

Verben der **Willensäußerung** sind z. B.:

aimer	faire qc	gern tun
aimer mieux	faire qc	lieber tun
désirer	faire qc	wünschen
détester	faire qc	es hassen, etw. tun zu müssen
préférer	faire qc	lieber tun
vouloir	faire qc	wollen
vouloir bien	faire qc	einverstanden sein
sowie		
il faut	faire qc	man muß, es ist nötig
il vaut mieux	faire qc	es ist besser

Zum *que*-Satz vgl. **165** H und **167** H.

2 Der Infinitiv mit «à»

1. Nicole **apprend à** conduire. Elle **hésite** encore **à** rouler vite.	...lernt Auto fahren. ...zögert noch, schnell zu fahren.
2. Pierre a **invité ses copains à** venir le voir. Ils ont **passé leur temps à** écouter des disques.	...eingeladen, ihn zu besuchen. ...ihre Zeit damit verbracht, zu...
3. Je **m'étais décidé(e) à** aller vivre à Paris. Je **m'attendais à** trouver un studio, mais...	...entschlossen, nach Paris zu ziehen. ...rechnete damit,...zu finden...

Der Infinitiv mit *à* steht u.a. nach Verben folgender Gruppen:

1. Verben mit à-Infinitiv ohne weitere Ergänzung

apprendre	**à**	faire qc	lernen, etw. zu tun	consister	**à**	faire qc	darin bestehen
arriver	**à**	faire qc	es schaffen,	continuer	**à** (de)	faire qc	fortfahren
réussir	**à**	faire qc	etw. zu tun	demander	**à**	faire qc	darum bitten (vgl. **104**,5)
avoir	**à**	faire qc	etw. zu tun haben	hésiter	**à**	faire qc	zögern
chercher	**à**	faire qc	versuchen	renoncer	**à**	faire qc	darauf verzichten
commencer	**à** (de)	faire qc	beginnen	tenir	**à**	faire qc	Wert darauf legen

Ebenso: apprendre **à qn à** faire qc jdm beibringen, etw. zu tun.

2. Verben mit direktem Objekt + à-Infinitiv

aider	**qn**	**à** faire qc	**jdm** helfen, etw. zu tun	obliger	**qn**	**à** faire qc	jdn zwingen
autoriser	**qn**	**à** faire qc	**jdm** erlauben	inviter	**qn**	**à** faire qc	jdn auffordern
condamner	**qn**	**à** faire qc	jdn verurteilen	passer/perdre			seine Zeit damit ver-
encourager	**qn**	**à** faire qc	jdn ermutigen	son temps		**à** faire qc	bringen/verlieren
forcer	**qn**	**à** faire qc	jdn zwingen	il y a qc		**à** faire	es gibt etw. zu tun

3. Reflexive Verben + à-Infinitiv

s'amuser	**à** faire qc	sich damit die Zeit vertreiben	s'habituer	**à** faire qc	sich daran gewöhnen
s'attendre	**à** faire qc	damit rechnen	s'intéresser	**à** faire qc	sich dafür interessieren
se décider	**à** faire qc	sich entschließen	se mettre	**à** faire qc	anfangen
se résoudre	**à** faire qc	sich entschließen	se plaire	**à** faire qc	daran Gefallen finden
s'engager	**à** faire qc	sich verpflichten	se préparer	**à** faire qc	sich darauf vorbereiten

Unterscheide: obliger qn **à** faire qc / forcer qn **à** faire qc } jdn zwingen (zu)

être obligé **de** faire qc / être forcé **de** faire qc } gezwungen sein (zu)

103 Der Infinitiv mit «de»

Der Infinitiv mit *de* steht bei der Mehrzahl der französischen Verben.

1. Der Infinitiv mit «de» steht anstelle eines direkten Objekts

a) nach **transitiven Verben,** die **nur ein Objekt** bei sich haben können:

L'ouvrier arrête **le travail.** L'ouvrier arrête **de travailler.**	Le soldat craint **la mort.** Le soldat craint **de mourir.**

Verben dieser Gruppe sind u.a.

accepter	**de** faire qc	zustimmen, zusagen	éviter	**de** faire qc	vermeiden
arrêter	**de** faire qc	aufhören	oublier	**de** faire qc	vergessen
finir	**de** faire qc	aufhören	refuser	**de** faire qc	sich weigern
craindre	**de** faire qc	fürchten	regretter	**de** faire qc	bedauern
décider	**de** faire qc	beschließen	risquer	**de** faire qc	Gefahr laufen
essayer	**de** faire qc	versuchen, etw. zu tun	tenter	**de** faire qc	versuchen, etw. zu tun

b) nach **Verben mit indirektem Personenobjekt:**

On	reproche	**à Jean-Paul**	**un vol** de voiture.
On	reproche	**à Jean-Paul**	**d'avoir volé** une voiture.
L'avocat **lui**	demande		**une explication.**
L'avocat **lui**	demande		**d'expliquer** ce qui s'est passé.

Verben dieser Gruppe sind u.a.

conseiller	**à qn de** faire qc	jdm raten	permettre	**à qn de** faire qc	jdm erlauben
défendre	**à qn de** faire qc	jdm verbieten	promettre	**à qn de** faire qc	jdm versprechen
demander	**à qn de** faire qc	**jdn** bitten/von jdm verlangen	proposer	**à qn de** faire qc	jdm vorschlagen
dire	**à qn de** faire qc	**jdn** auffordern	rappeler	**à qn de** faire qc	**jdn** daran erinnern
interdire	**à qn de** faire qc	jdm untersagen, etw. zu tun	reprocher	**à qn de** faire qc	jdm vorwerfen, etw. zu tun

Zum *que*-Satz vgl. **165** und **166**.

2. Der Infinitiv mit «de» steht anstelle einer de-Ergänzung

a) nach **Verben mit direktem Personenobjekt:**

Le juge	accuse	**Jean-Paul**	**d'un vol** de voiture.
Le juge **l'**	accuse		**d'avoir volé** une voiture.
Je dois	remercier	**Yvonne**	**de sa lettre** si amicale.
Je dois **la**	remercier		**de m'avoir écrit** si amicalement.

Verben dieser Gruppe sind u.a.

accuser	**qn de** faire qc	jdn beschuldigen	prier	**qn de** faire qc	jdn bitten
charger	**qn de** faire qc	jdn beauftragen	féliciter	**qn d'**avoir fait qc	jdn beglückwünschen
empêcher	**qn de** faire qc	jdn daran hindern	remercier	**qn d'**avoir fait qc	jdm dafür danken

b) nach vielen **reflexiven Verben** und einigen anderen Verben:

Vous devriez **vous** excuser **de cette réaction.** Vous devriez **vous** excuser **d'avoir réagi** de cette façon.	Jean **rêve d'un voyage.** Il **rêve d'aller** à Tokyo.

Verben dieser Gruppe sind u.a.

il s'agit	**de** faire qc	es geht darum	se souvenir	**d'** avoir fait qc	sich erinnern
se dépêcher	**de** faire qc	sich beeilen			
s'occuper	**de** faire qc	es übernehmen	**sowie**		
s'excuser	**d'** avoir fait qc	sich dafür entschuldigen	parler	**de** faire qc	davon sprechen
			rêver	**de** faire qc	davon träumen

Zu *commencer à/par faire qc* und *finir de/par faire qc* vgl. **104** ⚠.

Beachte:

Der Infinitiv mit **de** steht ferner

1. nach einer Reihe von verbalen Ausdrücken vom Typ **V + N** oder **NG**, z.B.:

avoir besoin	**de** faire qc	être en train	**de** faire qc	damit beschäftigt sein
avoir envie	**de** faire qc	avoir le droit	**de** faire qc	das Recht haben
avoir peur	**de** faire qc	avoir l'impression	**de** faire qc	den Eindruck haben
avoir raison/tort	**de** faire qc	courir le risque	**de** faire qc	Gefahr laufen
avoir le courage	**de** faire qc	**Aber:**		
avoir le temps	**de** faire qc	perdre/passer son temps **à** faire qc		(vgl. **102,2**).

2. nach **Verben**, die unpersönlich mit **cela/ça** konstruiert werden, z.B.:

cela/ça	me plaît **de** faire qc	es gefällt mir, etw. zu tun	cela/ça	me dérange **de**	es stört mich
	m' intéresse **de**	interessiert mich		me fait plaisir **de**	macht mir Spaß
	me gêne **de**	stört mich		me fait peur **de**	jagt mir Angst ein
	m' amuse **de**	amüsiert mich		ne me dit rien **de**	reizt mich nicht
				ne change rien **de**	ändert nichts

3. nach unpersönlichen Ausdrücken vom Typ **il est + Adjektiv**, z.B.:

il est	dangereux **de** faire qc	es ist gefährlich	il est	facile **de...**	es ist einfach/leicht
	imprudent **de** faire qc	unklug		difficile **de...**	schwer/schwierig
	important **de** faire qc	wichtig		(im)possible **de**	(un)möglich
	nécessaire **de** faire qc	nötig	**sowie:**	il est temps **de...**	es ist Zeit

⚠ **Unterscheide: Il** est facile/difficile **de** faire ce devoir. **Ce devoir** est facile/difficile **à** faire. –
Vgl. auch **48,2 + 3.**

104 Übersicht: Verben mit unterschiedlicher Infinitivergänzung

1. arriver		
Je n'**arrive pas à** ouvrir cette porte.	arriver **à** faire qc	es schaffen, etw. zu tun
Il lui arrive souvent **de** faire des fautes en parlant.	il arrive **à** qn **de** faire qc	es passiert jdm,... es kommt vor, daß jd...
2. attendre		
Vous devriez **attendre d'**être mieux informé avant de prendre une décision aussi importante.	attendre **de** faire qc	abwarten, bevor man etw. tut
Attendez-vous à rencontrer des difficultés.	**s'**attendre **à** faire qc	damit rechnen, darauf gefaßt sein, etw. zu tun
3. commencer		
Venez. On commence **à/de** faire le dîner.	commencer **à/de** faire qc	anfangen, etw. zu tun
Commençons par préparer le hors-d'œuvre.	commencer **par** faire qc	etw. zunächst tun
4. décider		
Anne a **décidé de** ne plus fumer.	décider **de** faire qc	beschließen, etw. zu tun
Elle **s'est décidée à** mener une vie plus saine.	**se** décider **à** faire qc	sich entschließen, etw. zu tun
Elle **est décidée à** ne plus recommencer.	être décidé,e **à** faire qc	entschlossen sein, etw. zu tun
Anne **a décidé ses parents à** faire comme elle.	décider **qn à** faire qc	jdn dazu bringen, etw. zu tun
5. demander		
– Il y a un monsieur qui **demande à** vous parler.	demander **à** faire qc	(darum) bitten, etw. tun zu dürfen
– **Demandez-lui d'**attendre un instant.	demander **à** qn **de** faire qc	jdn bitten, etw. zu tun
6. finir		
Tu as **fini de** faire tes mots-croisés?	finir **de** faire qc	damit fertig sein, etw. zu tun
On connaît M. Lebon: au début, il sera contre, mais il **finira par** accepter votre proposition.	finir **par** faire qc	schließlich (zuletzt doch noch) etw. tun
7. souhaiter		
Mme Lacroix **souhaite (d')** aider ses enfants.	souhaiter (de) faire qc	wünschen, etw. zu tun
Elle **leur souhaite de** réussir dans la vie.	souhaiter **à** qn **de** faire qc	jdm wünschen, daß er...
8. venir		
La dernière fois qu'il est **venu** me **demander** de l'argent, j'ai eu le courage de dire non.	venir faire qc	kommen, um etw. zu tun
Patrick est là? – Oui, il **vient de** rentrer.	venir **de** faire qc	gerade etw. getan haben

Unterscheide:

commencer qc	etw. anfangen	finir qc	etw. beenden
commencer à/de faire qc	anfangen, etw. zu tun	finir de faire qc	damit fertig sein, etw. zu tun
commencer par faire qc	etw. zuerst tun	finir par faire qc	schließlich etw. tun

Kapitel 8: Das Adverb – L'adverbe

Die grammatischen Eigenschaften des Adverbs

1. Der **Form** nach unterscheidet man im Französischen

   - **ursprüngliche** (einfache) Adverbien (adverbes simples) wie *souvent, très, beaucoup, hier, vite;*
   - **abgeleitete** Adverbien, die durch das Anhängen von *-ment* aus Adjektiven abgeleitet werden (adverbes en *-ment*), wie *malheureusement, constamment, rarement;*
   - **adverbiale Ausdrücke** (locutions adverbiales) wie *tout à coup, en ce moment.*

   Alle Adverbien sind **unveränderlich.**

2. Ihrer **syntaktischen Funktion** nach kann man unterscheiden:

   - Adverbien, die **Adjektive,** andere **Adverbien** oder **adverbiale Ausdrücke** näher bestimmen, z. B.:
     Jean est un élève **très lent**. Il travaille **très lentement.**
   - Adverbien, die das **Verb** oder den **ganzen Satz** ergänzen, z. B.:
     Dans notre quartier, il faut **conduire prudemment** (Verbergänzung).
     Il est encore arrivé un accident **hier** (Satzergänzung).
   - Adverbien, die den **Inhalt des Satzes bewerten oder einordnen**
     (sog. modale Satzadverbien), z. B.:
     Jacques est parti hier. **Curieusement,** il n'a pas voulu dire pourquoi. Seltsamerweise ...
     Logiquement, il devrait rentrer demain. Eigentlich ...
   - Adverbien, die Sätze **zeitlich oder logisch miteinander verknüpfen**
     (sog. Verknüpfungsadverbien), z. B.:
     J'ai vu un homme quitter la banque en courant. **Alors,** j'ai appelé la police.

3. Nach ihrer **Bedeutung** kann man folgende Gruppen unterscheiden:

   - Adverbien des **Ortes** (adverbes de lieu):
     Nadine n'habite plus **ici**: elle est à Arles. Elle a trouvé un emploi **là-bas**.
   - Adverbien der **Zeit** (adverbes de temps):
     Jacques est parti **hier.** Il reviendra **demain.**
   - Adverbien der **Art und Weise** (adverbes de manière):
     François roulait **lentement**. Il fallait conduire **prudemment**.
   - Adverbien der **Menge** und des **Grades** (adverbes de quantité et d'intensité):
     J'aime **beaucoup** Pierre. Il est **très** gentil.
   - Adverbien des **Grundes** (adverbes marquant la cause):
     Pierre est malade. Il ne pourra **donc** pas venir demain.

Im **Deutschen** haben nur sehr wenige Adverbien eine eigene Form, z. B. *glücklicherweise, hoffentlich, neulich.*
In den meisten Fällen steht ein Adjektiv in adverbialer Funktion.
Im **Französischen** hingegen **unterscheidet** sich das Adverb in der Regel **formal** vom Adjektiv.

Vergleiche: Cet homme **est** dangereux. — Dieser Mann **ist** } gefährlich.
Il **vit** dangereuse**ment.** — Er **lebt** } gefährlich.

Auch die Stellung der Adverbien weicht in den beiden Sprachen voneinander ab.

106 Die Bildung der abgeleiteten Adverbien

La formation des adverbes en *-ment*

1.	un travail une vie vivre	**dangereux** **dangereuse** **dangereusement**	[dɑ̃ʒrø] [dɑ̃ʒrøz] [dɑ̃ʒrøzmɑ̃]	• Das Adverb wird gebildet, indem man die Endung **-ment** [-mɑ̃] an die **feminine** Form des Adjektivs anhängt.
	un village } une ville } un endroit où on vit	**agréable** **agréablement**	[agreabl] [agreabləmɑ̃]	
2.	C'est Tu le crois	**vrai?** **vraiment?**	[vrɛ] [vrɛmɑ̃]	• Bei Adjektiven, deren **maskuline** Form im Schriftbild auf **-ai, -i** oder **-u** endet, wird das Adverb von der **maskulinen** Form abgeleitet.
	une jeune fille Elle m'a salué	**polie** **poliment.**	[pɔli] [pɔlimɑ̃]	
	une monarchie vouloir partir	**absolue** **absolument**	[apsɔly] [apsɔlymɑ̃]	
Aber:	être chanter	**gai** **gaiement**	[ge/gɛ] [gemɑ̃/gɛmɑ̃]	
3.	une lutte lutter	**constante** **constamment**	[kõstɑ̃t]]kõstamɑ̃]	• Fast alle Adjektive, die im **Lautbild** auf [-ɑ̃] enden, bilden das Adverb auf [-amɑ̃].
	un conducteur conduire	**prudent** **prudemment**	[prydɑ̃] [prydamɑ̃]	**Beachte Schriftbild und Lautbild:**
Aber:	une voiture rouler	**lente** **lentement**	[lɑ̃t] [lɑ̃tmɑ̃]	-**a**nt → -**a**mment } [-amɑ̃]. -**e**nt → -**e**mment }

Sonderformen auf -ment	énorme énorm**é**ment	précis,e genau précis**é**ment	profond,e tief profond**é**ment u.a.
	gentil, le **gentiment**	bref, brève kurz **brièvement**	grave gravement/**grièvement** blessé
Andere Sonderformen	bon, bonne: **bien** meilleur,e: **mieux**	mauvais,e: **mal**	rapide: rapidement/**vite**

Anmerkung: Nicht aus jedem Adjektiv kann ein Adverb auf *-ment* gebildet werden. – Vergleiche:

Il est **possible** qu'il vienne. → Il viendra **peut-être.**
C'est une femme **charmante.** → Elle nous a reçus **de façon charmante.**

Die Adverbien auf *-ment* sind daher im Wörterbuch gesondert aufgeführt.

107 Adverbial gebrauchte Adjektive – Adjectifs employés adverbialement

In einigen festen Wendungen tritt ein Adjektiv an die Stelle des Adverbs.

Achetez français. Tu pourrais **parler plus fort!**	Ce fromage **sent bon,** et il n'a pas **coûté cher.** Il y a ceux qui **travaillent dur** et ceux qui **gagnent gros.**

In dieser adverbialen Funktion ist das Adjektiv – wie ein Adverb – **unveränderlich.**
Es steht immer nach dem Verb. – Feste Wendungen dieser Art sind z. B.:

acheter français	(nur) französische Waren kaufen	acheter cher	teuer (ein)kaufen
parler bas	leise sprechen	payer cher	teuer bezahlen
parler (plus) fort	laut (lauter) sprechen	gagner gros	viel verdienen
chanter juste/faux	richtig/falsch singen	marcher droit	aufrecht gehen
sentir bon/ mauvais/fort	gut/ schlecht/stark riechen	aller tout droit	geradeaus gehen/fahren
coûter cher	teuer sein	travailler dur	hart arbeiten
		voter socialiste/ gaulliste	sozialistisch/ gaullistisch wählen

Einigen deutschen Adverbien entspricht im Französischen ein verbaler Ausdruck, z. B.:

etwas gern tun	aimer faire qc	gleich etwas tun wollen	aller faire qc
etwas lieber tun	aimer mieux/ préférer } faire qc	etwas soeben getan haben	venir de faire qc
		etwas weiterhin tun	continuer à/de faire qc

sowie
hoffentlich ... j'espère que ...: J'espère qu'il fera beau demain.
bekanntlich ... on sait que ...: On sait qu'en France les musées sont fermés le mardi.

Anmerkung: Die Adverbien *bien, mieux, (pas) mal* werden insbesondere in der Verbindung mit *être* auch adjektivisch gebraucht. Sie sind auch in adjektivischer Funktion unveränderlich.

Beispiele: Ces photos-là sont **bien/pas mal,** mais celles-ci **sont mieux.**
Elles sont **beaucoup mieux** que les autres. (... viel besser).

Die Vergleichsformen des Adverbs – Les degrés de l'adverbe

8 Komparativ und Superlativ

Laurence écrit	**aussi**	**vite**				**Komparativ** (le comparatif)
et	**aussi**	**correctement**	**que**	toi.		• Gleichheit: aussi ... que
Elle écrit	**plus**	**correctement**	**que**	Daniel,		• Überlegenheit: plus ... que
mais elle écrit	**moins**	**vite**	**que**	lui.		• Unterlegenheit: moins ... que
C'est Daniel						**Superlativ** (le superlatif)
qui écrit	**le plus**	**vite.**			... am schnellsten.	• Überlegenheit: le plus ... de
Mais il écrit	**le moins**	**correctement**	**de**	tous.	... am fehlerhaftesten ...	• Unterlegenheit: le moins ... de

- Der **Komparativ** des Adverbs wird mit den Vergleichsadverbien *aussi, plus* und *moins* gebildet.
- Der **Superlativ** wird mit den Vergleichsadverbien *le plus/le moins* gebildet.
- Das **Bezugselement** des Vergleichs wird beim **Komparativ** mit **que** (dt. ‚als'),
beim **Superlativ** mit **de** (dt. ‚von') angeschlossen.

Sonderformen

danser **bien**	gut	gagner **peu**	wenig	travailler **beaucoup**	viel
aussi bien	genausogut	**aussi peu**	genausowenig	**autant**	genausoviel
mieux	besser	**moins**	weniger	**plus**	mehr
le mieux	am besten	**le moins**	am wenigsten	**le plus**	am meisten

⚠ **Unterscheide:** 1. J' en voudrais **plus** [plys]. — Ich möchte **mehr** davon. (Bejahend)
Je **n'**en voudrais **plus** [ply]. — Ich möchte **nichts mehr** davon. (Verneinend).

2. Nous arriverons **plus tôt** que vous. } [plyto] — ... **früher** als ihr.
Cette histoire est **plutôt** triste. — ... eher (= ziemlich) traurig.

109 «Plus que/moins que» und «plus de/moins de» beim Vergleich

Anne travaille **plus que son frère.** [plys] Anne gagne **moins que ses copains.** Elle a **moins** d'argent **qu'eux.**	Anne travaille **plus de huit heures** par jour. [ply] Anne gagne **moins de 1500 francs** par mois. Elle en donne **plus de la moitié** à ses parents.
• Nach *plus/moins* steht **que,** wenn ein **Vergleich** vorliegt. • Nach *que* steht eine **Nominalgruppe** oder ein **Pronomen.**	• Nach *plus/moins* steht **de,** wenn es sich um eine **Mengenangabe** handelt. • Nach *de* steht eine **Zahl** oder eine sonstige **Mengenangabe.**

110 «Aussi...que/autant que» und «si...que/tant que» im Vergleichssatz

Aussi...que und *autant que* stehen in bejahenden und in verneinenden Sätzen. – Unterscheide:

Serge est **aussi sympathique que** son frère Daniel. Mais on ne le voit plus **aussi souvent que** lui.	• aussi + Adjektiv + que aussi + Adverb + que	(genau)so/ (eben)so...wie.
Je crois qu'il ne **sort** plus **autant que** Daniel, ce que je **regrette autant que** ses autres copains.	• Verb + autant que	soviel/ (eben)sosehr wie

H In **verneinenden** Vergleichssätzen kann **si** (statt *aussi)* und **tant** (statt *autant)* stehen:

Serge **n'est pas si** intelligent que Daniel, et il **ne** travaille **pas tant** que lui.

111 Die Gradadverbien «très, beaucoup, bien»

1. Très – beaucoup

Ce livre est **très gros,** mais il est **très intéressant.**	sehr	– Cet auteur m'**intéresse beaucoup.** Ses livres m'**ont beaucoup plu.**	sehr
Il se lit **très facilement.** Je l'ai lu **très rapidement.**	sehr	Son dernier livre est **beaucoup plus drôle** et **beaucoup moins difficile** que les premiers.	viel
L'auteur **est très au courant** de la question. On le **prend très au sérieux** dans les critiques.	sehr gut informiert.	– Moi, je trouve qu'il écrit **beaucoup trop.**	viel zu viel
Das Adverb **très** steht • vor **Adjektiven** in der Grundform; • vor **Adverbien;** • vor **adverbialen Ausdrücken.**		Das Adverb **beaucoup** steht • bei **Verben;** • vor **Komparativen;** • vor dem Adverb **trop.**	

H *Très* steht auch in Wendungen des Typs *avoir* + Nomen ohne Artikel:

J'ai **très** faim/**très** soif/**très** envie de manger quelque chose.

2. Bien

Als Adverb des Adjektivs *bon* ist *bien* **Adverb der Art und Weise.** – Beispiel:

Tu as **bien** répondu. = Tes réponses étaient **bonnes.**

Daneben wird *bien* auch als **Gradadverb** verwendet.
Es hat im Gegensatz zu *très* und *beaucoup* eine subjektiv wertende Nuance.

		Bien steht als **Gradadverb**
Nous avons **bien ri** (beaucoup ri). Ça me **plaît bien** (beaucoup).	viel, sehr sehr, (recht) gut	• bei **Verben;**
Elle est encore **bien jeune** (très jeune) pour se marier.	recht, sehr	• vor **Adjektiven;**
Pierre et Anne se voient **bien souvent** (très/assez souvent).	sehr, recht, ziemlich	• vor **Adverbien;**
Ce livre est **bien meilleur** que l'autre. Il est **bien plus drôle** (beaucoup plus drôle) et il coûte **bien** (beaucoup) **moins cher.**	viel	• vor **meilleur** und **Komparativen** mit *plus/moins.*

2 Das Adverb «tout»

Das Adverb *tout* dient zur Verstärkung von Adjektiven und Adverbien.
Tout ist im Unterschied zu den anderen Adverbien in bestimmten Fällen veränderlich.

Elle est **Elles** sont	toute toutes	**petite.** **petites.**	[tut] [tut]	**Tout** wird **verändert** vor Adjektiven in **femininer** Form und mit **konsonantischem** Anlaut.
Elle est **Elles** sont	**tout**‿ **tout**‿	**étonnée.** **heureuses.**	[tutetɔne] [tutœrøz]	Vor allen anderen Adjektiven ist *tout* unveränderlich.
Il est **Ils** sont	tout tout	petit. petits.	[tu] [tu]	

Vor einem Adjektiv in **femininer** Form hat das Adverb immer das **Lautbild** [tut].
Wenn diese Aussprache nicht durch Bindung erzielt werden kann *(tout‿étonnée),* wird das Adverb in Genus und Numerus an sein Beziehungswort angeglichen *(toute(s) petite(s)).*

Zum indefiniten Begleiter *tout* vgl. **27.** – Zum indefiniten Pronomen *tout* vgl. **70.**

Anmerkung: *Tout* kann nicht vor alle Adjektive treten. Man kann z. B. sagen:
Il est tout petit/tout seul/tout amoureux/tout heureux/tout étonné.
Aber nur: Il est très grand/très gentil/très intelligent.
C'est très important/très juste/très utile.

Die Stellung der Adverbien im Satz – La place de l'adverbe dans la phrase

3 Grundsätzliches zur Stellung der Adverbien

Die Stellung des Adverbs im Satz hängt von verschiedenen Faktoren ab.
Solche Faktoren sind z. B. die Funktion, die Bedeutung und die Form des Adverbs (vgl. **105**), der Satzrhythmus oder der Informationsgehalt des Adverbs.
Regeln, die für alle Fälle gelten, sind schwer zu fassen, jedoch gibt es für die folgenden Gruppen von Adverbien gewisse **Grundregeln.**

114 Die Stellung der Adverbien des Ortes und der Zeit

- Adverbien des **Ortes** sind z.B. *ici, là-bas, partout, ne... nulle part* (nirgendwo).
- Bei den Adverbien der **Zeit** unterscheidet man
  - Adverbien der **bestimmten Zeit,** z.B. *aujourd'hui, hier, demain;*
  - Adverbien der **unbestimmten Zeit,** z.B. *déjà, encore, toujours, souvent, rarement, tôt, tard.*

1. Adverbien des Ortes und der bestimmten Zeit

Extrait d'une lettre:	**Aber:**
Ici, il fait très beau./Il fait très beau **ici.** **Partout,** on sent la mer... **Hier,** nous sommes allés à Toulon. **Là-bas,** il y a un grand Musée naval (Marinemuseum). **Aujourd'hui,** nous faisons nos valises. **Demain,** malheureusement, on doit rentrer à Dijon./ Malheureusement, on doit rentrer à Dijon **demain.**	Les Meunier n'habitent plus **ici.** Pierre n'est plus **là.** Il est parti **hier.** – Tout à l'heure, le chat était dans la cuisine. Tu as regardé **là-bas?** – Bien sûr. J'ai regardé **partout.** Si on veut partir **demain,** il faut faire les valises **aujourd'hui.**

- Die Adverbien des **Ortes** und der **bestimmten Zeit** können am Satzanfang und am Satzende stehen.
- Sie stehen in der Regel am **Satzanfang,** wenn sie **Ausgangspunkt der Aussage** sind (gedachte Frage: Was geschah dort/dann und dann?) oder wenn sie **Sätze miteinander verbinden.**
- Sie stehen am **Satzende,** wenn sie **Schwerpunkt der Aussage** sind (gedachte Frage: Wo/Wann...?).

Zur Stellung der adverbialen Bestimmung vgl. **131,2.**

F/D Abweichend vom Deutschen können die Adverbien des Ortes und der **bestimmten** Zeit im Französischen **nicht zwischen** Hilfsverb und Participe passé bzw. Modalverb und Infinitiv stehen. – Vergleiche:

Marc a téléphoné **hier.**	Marc hat **gestern** angerufen.
Il veut venir **demain.**	Er will **morgen** kommen.
Tu as regardé **partout?**	Hast du **überall** nachgesehen?

2. Adverbien der unbestimmten Zeit

Les Duc	**partent**	**déjà.**		Die Adverbien der **unbestimmten** Zeit stehen
Ils	**sont**	**toujours**	les premiers à partir.	• bei **einfachen** Verbformen
On se	**reverra**	**bientôt,**	j'espère.	**nach** dem Verb;
J'ai	**souvent**	**discuté**	avec Daniel, mais	• bei **zusammengesetzten Verbformen**
on **a**	**rarement**	**été**	du même avis.	**zwischen** Hilfsverb und Participe passé
Il **veut**	**toujours**	**avoir**	raison.	bzw. Modalverb und Infinitiv.

Ausnahme: Die Adverbien **tôt** und **tard** stehen **nach** dem Participe passé bzw. Infinitiv:

Hier, nous nous sommes **levés tôt** et **couchés tard.** Ce soir, on va **se coucher tôt.**

⚠ Beim **verneinten** Verb steht das Adverb nach dem Verneinungselement *pas/plus* etc.:

	Je **n'**ai **pas souvent** discuté avec un garçon aussi têtu que toi.	...nicht oft...
	Tu **n'**as **pas toujours** raison, tu sais.	...nicht immer...
Aber:	Il **n'**est **toujours pas** arrivé.	...immer noch nicht...

F/E Im Gegensatz zum Englischen kann das Adverb im Französischen nicht vor das Verb treten. – Unterscheide:

Marc **often**	**goes**		to Paris.	He **always**	**goes**	there		by plane.
Marc	**va**	**souvent**	à Paris.	Il		y **va**	**toujours**	en avion.

5 Die Stellung der Mengenadverbien und der ursprünglichen Adverbien der Art und Weise

Die Mengenadverbien und die ursprünglichen Adverbien der Art und Weise *(bien, mal, mieux, vite)* haben die gleiche Stellung wie die Adverbien der unbestimmten Zeit.

Annette	**voyage**	**beaucoup.**		Sie stehen wie diese • **nach** einfachen Verbformen;
Elle	**parle**	**bien**	l'anglais et l'espagnol.	
Pierre **a**	**trop**	**mangé**	hier soir.	• **zwischen** Hilfsverb bzw. Modalverb und Participe passé bzw. Infinitiv.
Il **a**	**mal**	**dormi**	cette nuit.	
Il **devrait**	**mieux**	**organiser**	sa journée.	

Ausnahme: Das Adverb *ensemble:* On est **partis ensemble** et on va **rentrer ensemble.**

6 Die Stellung der abgeleiteten Adverbien der Art und Weise

1.	**Parlez**	**lentement**		Die Adverbien auf *-ment* stehen bei **einfachen** Verbformen **nach** dem Verb.
	et **répondez**	**brièvement**	à toutes les questions.	
	Tu **racontes**	**constamment**	la même chose.	

Anmerkung: Das Adverb auf *-ment* kann ans Satzende treten, wenn es eine wichtige Information enthält oder wenn es länger ist als das nominale Objekt des Verbs. – Vergleiche:

Répondez **poliment et brièvement** à toutes les questions qu'on vous posera.
Répondez aux questions **poliment, brièvement et sans hésiter.**

Le malade **écoute attentivement**	le docteur.
Le malade **écoute**	le docteur **très attentivement.**
Le malade **écoute très attentivement**	ce que le docteur lui dit au sujet de son cœur.

2. Le docteur	**a**	**soigneusement**	**examiné**	**le malade.**	
Il l'	**a**	**soigneusement**	**examiné.**		
Oder: Il l'	**a**		**examiné**		**soigneusement.**
Il	**a**	**longuement**	**discuté**	**avec son patient.**	
Il	**a**		**discuté**	**avec lui**	**plus longuement que la veille.**
Les deux hommes	**ont**		**discuté**		**(très) longuement.**

Bei **zusammengesetzten** Verbformen können die Adverbien auf *-ment* **vor oder nach** dem Participe passé stehen.

- Das Adverb auf *-ment* steht in der Regel **vor** dem Participe passé, wenn das Verb eine **nominale Ergänzung** bei sich hat.
- Es steht in der Regel **nach** dem Participe passé, wenn es eine **wichtige Information** enthält oder wenn es eine **Ergänzung** (z. B. ein anderes Adverb) bei sich hat.

3.			Die Adverbien auf *-ment* stehen in der Regel
En ville, on doit	**rouler**	**lentement.**	• **nach dem Infinitiv,** wenn sie den Infinitiv
Il faut donc	**conduire**	**prudemment.**	näher bestimmen;
Tu **sais** **vraiment**	conduire (un camion)?		• **nach dem konjugierten Verb,** wenn sie
Tu **veux** **absolument**	partir?		dieses Verb näher bestimmen.

⚠ Dies gilt auch bei zusammengesetzten Verbformen + Infinitiv:

Ils ont voulu **partir discrètement.** (Infinitiv + Adverb)
Ils **ont absolument voulu** partir. (Hilfsverb + Adverb + Participe passé)

117 Die Stellung der modalen Satzadverbien und der Verknüpfungsadverbien

Modale Satzadverbien sind z. B. *malheureusement, heureusement, curieusement, naturellement.*
Verknüpfungsadverbien sind z. B. *alors, ensuite, puis, ainsi, pourtant, donc, cependant.*

On voulait aller à la plage. Mais, **malheureusement**, il s'est mis à pleuvoir.
Mais il s'est, **malheureusement**, mis à pleuvoir.

Cependant, le temps a changé et, **heureusement**, le soleil est revenu.
Le temps a **cependant** changé et le soleil est revenu, **heureusement**.

Alors, on a décidé de sortir.
On a **alors** décidé de sortir.

- Die **modalen Satzadverbien** stehen in der Regel am Satzanfang oder nach dem konjugierten Verb bzw. Hilfsverb. Wenn sie am Satzende stehen, geben sie eine dem Satz nachgeschobene nachdrückliche Information, die durch Sprechpause (Komma) und Intonation als solche gekennzeichnet ist.
- Die **Verknüpfungsadverbien** stehen am Satzanfang oder nach dem konjugierten Verb bzw. Hilfsverb.

Zur Stellung der Satzglieder im erweiterten Aussagesatz vgl. **131, 2.**

Kapitel 9: Die Präpositionen – Les prépositions

8 Die grammatischen Eigenschaften der Präpositionen

1. Präpositionen sind unveränderliche Wörter.
   Sie setzen andere Wörter oder Wortgruppen zueinander in Beziehung:

les livres – Nadine	aller – le marché
les livres **de** Nadine	aller **au** marché

2. Der **Form** nach kann man unterscheiden zwischen **Präpositionen,** die aus nur einem Wort bestehen, und **präpositionalen Ausdrücken,** die aus mehreren Wörtern bestehen:

   Le Sacré-Cœur se trouve **à** Paris.
   Le Sacré-Cœur se trouve **dans le nord de** Paris.

3. Der **Bedeutung** nach bezeichnen die Präpositionen **örtliche** (lokale), **zeitliche** (temporale) und **modale** (Art und Weise, Mittel u. a.) Beziehungen.
   Dabei können einige Präpositionen zum Ausdruck mehrerer Beziehungen gebraucht werden:

aller **en Corse**	Ort	voyager **en groupe**	Art und Weise
y aller **en hiver**	Zeit	faire le voyage **en avion**	Mittel.

   Welche Präposition im Einzelfall zu verwenden ist, hat der **Sprachgebrauch** weitgehend festgelegt. Die unterschiedlichen Verwendungsarten der Präpositionen sind daher eher eine Frage des Lexikons als der Grammatik.

4. Die Präposition bildet mit dem ihr folgenden Nomen oder Pronomen eine **Präpositionalgruppe.**
   Präpositionalgruppen können im Satz u. a. sein:
   - **Adverbiale Bestimmung:** Napoléon est né **en 1769.** Il est né **à Ajaccio, en Corse.**
   - **Indirektes Objekt:** Marc a écrit **à Françoise.** Il lui a parlé **de ses soucis.**

D) Wenn zwei Präpositionalgruppen durch *et* oder *ou* nebengeordnet sind, wird die Präposition – abweichend vom Deutschen – im Französischen in der Regel vor jedem Nomen wiederholt:

Nous irons **en** Espagne ou **au** Portugal.	Wir fahren **nach** Spanien oder (nach) Portugal.
Nous irons **avec** les Le Goff et **avec** les Brun.	Wir fahren **mit** Le Goffs und (mit) Bruns.
Au fait. Tu as l'adresse **de** Serge et **d'**Anne?	Hast du die Adresse **von** Serge und (von) Anne?

Aber:
Tu t'entends bien **avec** tes **frères et sœurs?** … mit deinen **Geschwistern?** (fester Begriff)

Anmerkung: Präpositionen, insbesondere **de** und **à,** haben vielfach die Funktion der reinen grammatischen Verknüpfung. Sie stehen z. B. zum Anschluß

- der Nominalerweiterung: une maison **de** campagne, la chambre **à** coucher;
- des Nomens nach Mengenausdrücken: un kilo **de** pommes;
- der Verbergänzung: Je regrette **de** ne pas pouvoir venir.;
- der Adjektivergänzung: Il est content **de** partir/prêt **à** partir.;
- des Adjektivs nach Indefinita: rien **de** nouveau; quelque chose **d'**intéressant.

Präpositionen zum Ausdruck örtlicher Beziehungen

119 1. Die Präpositionen «à, sur, dans»

Die Präpositionen *à, sur* und *dans* bezeichnen in Verbindung mit dem Verb die **Lage** (wo?) oder das **Ziel** einer Bewegung (wohin?).
Ihre Verwendung hängt in vielen Fällen davon ab, ob der Ort als **Punkt,** als **Fläche** oder als **Raum** angesehen wird. – Unterscheide:

s'asseoir **à** une table	... **an** einen Tisch	• **à** + NG bezeichnet einen Ort, der **punktuell** und in **allgemeiner Weise** gesehen wird, oft abstrakt und ohne konkrete räumliche Vorstellung.
habiter **au** premier étage	... **im** ersten Stock	
travailler **à** la chaîne	... **am** Fließband	
rentrer/être/rester **à** la maison	... **nach/zu** Hause	
être/vivre **à** la campagne	... **auf** dem Land	
aller/vivre **à** la montagne	... **ins/im** Gebirge	
s'asseoir **dans** un fauteuil/ **dans** un coin	... **in** einen Sessel/ **in** eine Ecke	• **dans** + NG bezeichnet einen Ort, der als **umgebender** Raum **von innen** gesehen wird, oft verbunden mit der Vorstellung des Darinnenseins oder Eintretens.
monter **dans** le train/**dans** une voiture	... **in** den Zug/**in** ein Auto	
se promener **dans** une forêt	... **in** einem Wald	
être **dans** sa chambre/**dans** le jardin	... **in** seinem Zimmer/**im** Garten	
jouer **dans** la rue/ **dans** la cour	... **auf** der Straße/ **auf** dem/**im** Hof	
s'asseoir **sur** une chaise/**sur** un banc	... **auf** einen Stuhl (Sitzfläche)	• **sur** + NG bezeichnet einen konkreten Ort, der **von außen** und **als Fläche** gesehen wird.
monter **sur** son vélo/**sur** sa moto	... **auf** sein Rad/Motorrad	
marcher/se promener **sur** la lune	... **auf** dem Mond	
porter qc **sur** le dos	... **auf** dem Rücken	
passer **sur** un pont	... **über** eine Brücke gehen	

⚠ 1. Der Unterschied zwischen einer abstrakten Bezeichnung des Ortes durch *à* + NG und einer konkreten Bezeichnung durch *dans* + NG wird auch deutlich in folgenden Ausdrücken:

• aller/être **à** la banque	(Geldinstitut)	↔	entrer/être **dans** une/la banque	Gebäude
à l'église	(zum Gottesdienst)		**dans** une/l'église	
au lycée	(Schulart)		**dans** un/le lycée	
• manger **au** restaurant	(auswärts: im Gasthaus,	↔	avoir mangé **dans** un petit restaurant pas cher	(in einem bestimmten Gasthaus, Hotel).
à la cantine	in der Kantine,			
être **à** l'hôtel	im Hotel)		être **dans** un hôtel calme	

2. Eine konkrete Ortsbezeichnung liegt im allgemeinen dann vor, wenn dem Nomen der unbestimmte Artikel, der Possessiv- oder der Demonstrativbegleiter vorangeht. – Unterscheide:

   Samedi après-midi, je vais **au** stade. **Dans notre** stade, on peut voir des matchs importants.
   Dans ce stade, il y a de la place pour 40 000 spectateurs.

Unterscheide ferner:

L'aéroport Charles-de-Gaulle se trouve **au nord de** Paris.	... **nördlich** von Paris (also **außer**halb)
Le Sacré-Cœur se trouve **dans le nord de** Paris.	... **im Norden/nördlichen Teil** von Paris (d. h. **inner**halb).

Zum Gebrauch der Artikel bei geographischen Namen vgl. **12.**
Zum Genus der Ländernamen vgl. **3,** 3.

Abweichender Gebrauch von Präpositionen im Französischen und Deutschen

1. Le village **est situé sur** l'Aude/**sur** la côte.	... **liegt an** der Aude/**an** der Küste.
Près de notre hôtel, ils ont construit **un pont sur** l'Aude.	... eine **Brücke über** die Aude ...
2. Ma chambre d'hôtel **donne sur** la rue,	... **geht nach** der Straße/**zur** Straße (hin)
celle de mes parents **donne sur** la cour.	**geht nach** dem Hof/**zum** Hof (hin)
3. Nos amis **habitent** (à) Lyon.	Unsere Freunde **wohnen in** Lyon.
Ils **habitent** rue Pasteur.	Sie **wohnen in der** Rue Pasteur.
4. Ne jouez pas **dans la rue/dans la cour/**	Spielt nicht **auf** der Straße/**auf** dem Hof/
Aber: **sur la chaussée/sur le trottoir.**	**auf** der Fahrbahn/**auf** dem Gehweg.
5. Qui a **bu dans** mon verre? (= Qui a bu ce qui **était dans** mon verre?)	Wer hat **aus** meinem Glas getrunken?
C'est toi qui as **pris** les clés **dans** mon sac? (= ... les clés qui **étaient dans** mon sac?)	Hast du die Schlüssel **aus** meiner Handtasche genommen?
Qui a **pris** le journal **sur** la table? (= ... le journal qui **était sur** la table?)	Wer hat die Zeitung **vom** Tisch genommen?

Bei Verben des Entnehmens, wie *boire, manger, voler, prendre* steht im Französischen die Präpositionalgruppe mit der Präposition, die den Zustand vor der Entnahme bezeichnet.

0 2. Weitere Präpositionen zum Ausdruck örtlicher Beziehungen

Notre hôtel n'est pas **loin de** Notre-Dame.	loin de	weit entfernt von
Il est donc **près du** Quartier Latin.	près de	nahe bei
Devant l'hôtel, il y a un arrêt d'autobus.	devant	vor
Derrière l'hôtel se trouve une petite cour.	derrière	hinter (vgl. **122**)
Autour de la cour, il y a un vieux mur.	autour de	um ... herum
Le garçon a posé des tables **contre** le mur.	contre	gegen, an
Au milieu de la cour, il y a un arbre.	au milieu de	mitten in, inmitten
En face de l'hôtel se trouve une banque et	en face de	gegenüber
à côté de l'hôtel, il y a des magasins.	à côté de	neben
La poste est **au bout de** la rue,	au bout de	am Ende von
à droite de/à gauche de la station de métro.	à droite de	rechts von
	à gauche de	links von
Le soir, nous nous promenons **le long de** la Seine.	le long de	an ... entlang
Je me suis arrêté(e) **sur** le pont Neuf.	sur	auf
Sous le pont, j'ai vu deux clochards.	sous	unter
Au-dessus de moi, il y avait un ciel gris,	au-dessus de	oberhalb von/über
au-dessous de moi, le fleuve qui coulait.	au-dessous de	unterhalb von/unter
Le thermomètre est **au-dessus/au-dessous de** zéro.		
En été, beaucoup de gens partent **vers** le Sud.	vers	nach, gegen
Nous rêvons de faire un voyage **à travers** la France.	à travers	(quer) durch (... hindurch)
Nous partirons **de** Paris, avec des amis.	de	aus, von
De Paris nous irons **à** Valence. Nous irons même	de ... à	von ... nach
jusqu'à la frontière italienne/**jusqu'**en Italie.	jusque	bis
Nous passerons **par** Avignon et **par** Nice.	par	durch, über
La dernière fois, il a plu **à partir d'**Avignon/	à partir de	von ... an
entre Avignon **et** la frontière italienne.	entre ... et	zwischen ... und

Ce matin, Annick n'est pas **chez elle.** Elle a rendez-vous **chez le dentiste.** Après le déjeuner, Annick ira **chez Martine.** Elles iront **chez le coiffeur.** A 7 heures du soir, Annick est partie/sortie/ rentrée/revenue **de chez** Martine/**de chez** le coiffeur. Je viens **de chez** le dentiste.	chez chez de chez qn	1. bei jdm zu Hause; zu jdm nach Hause 2. an/zu jds Arbeitsplatz (bei Berufsbezeichnungen) von (steht nach den Verben *partir, sortir, rentrer, (re)venir*)

Eine Reihe von Präpositionen kann, wie im Deutschen, auch **im übertragenen Sinn** gebraucht werden, z. B. in den folgenden Wendungen:

se protéger **contre** le soleil	... vor der/gegen die Sonne	être fort **en** anglais	... in Englisch
être blessé **dans** un accident	... bei einem Unfall	écrire **en** anglais	auf englisch schreiben
vivre **dans** la misère	... im Elend	être **en** colère	... in Wut; zornig
être **dans** la recherche	... in der Forschung tätig sein	être **entre** amis	... unter Freunden
		copier **sur** qn	von/bei jdm abschreiben
		une discussion **sur** qc	eine Diskussion über ...
pleurer **de** joie	... aus/vor Freude	un livre **sur** les fleurs	... über Blumen

⚠ **Unterscheide:**

Il y a une librairie	**à côté de** l'hôtel.	**à** côté de + NG	neben
	de ce côté de la rue.	**de ce** côté de	**auf** dieser Seite
Il y en a d'autres	**de l'autre côté de** la rue.	**de** l'autre côté de	**auf** der anderen Seite
	du côté de la poste.	**du** côté de	**in** der Nähe, **in** Richtung

Präpositionen zum Ausdruck zeitlicher Beziehungen

121 1. Die Präpositionen « à, en, pendant » und « pour »

1. Philippe compte partir/partira/est parti **à Pâques/à Noël.** **à 10 heures/à midi.**	 ... zu Ostern/zu Weihnachten. ... um 10 Uhr/um 12 Uhr.	• **à** + NG bezeichnet einen **genauen Zeitpunkt.**
Je le verrai/l'ai vu/le vois régulièrement **au mois de** mai/**en** mai. **en été/en hiver.** **en automne.** **Aber: au** printemps Napoléon est né **en (l'an) 1769.**	 ... im Mai. ... im Sommer/im Winter. ... im Herbst. ... im Frühjahr/Frühling. ... (im Jahr) 1769.	Bei **Monatsnamen** steht **au mois de** oder **en.** **En** steht auch vor den Namen der **Jahreszeiten** mit vokalischem Anlaut und vor **Jahreszahlen.**
Il me téléphonera/m'a téléphoné **vers midi/autour de midi.** **vers/autour de 5 heures.** **vers le 10/autour du 10.**	 ... gegen Mittag. ... gegen 5 Uhr. ... um den 10. herum.	• **vers** + NG und **autour de** + NG bezeichnen einen **ungefähren Zeitpunkt.**

2. Nous serons en Bretagne { **pendant les vacances.** { **pendant tout le mois d'août.** On fera de la planche à voile **pendant des heures.**	 ... **in** den Ferien. ... den ganzen August (über). ... stundenlang ...	• **pendant** + NG bezeichnet einen **Zeitraum,** der ganz oder teilweise von einem Geschehen ausgefüllt ist.
Nous sommes allés à La Baule cinq fois **en six ans.** En voiture, on peut faire le voyage **en quatre heures.** **Aber:** Nous arriverons **dans quatre heures** (vgl. **122,** 2).	 ... innerhalb von 6 Jahren. ... in(nerhalb von) 4 Stunden.	• **en** + NG bezeichnet einen **Zeitraum, innerhalb dessen** ein Geschehen stattfindet.
Le père de Monique doit faire une cure (Kur). Il va à Vichy **pour six semaines.**	 ... für (die Dauer von) 6 Wochen/6 Wochen lang.	• **pour** + NG bezeichnet einen **befristeten Zeitraum,** der für **bestimmte Zwecke** festgesetzt wird.

Unterscheide:

Jacques réfléchissait à des choses et à d'autres. **A un moment** donné, il s'est dit: «Que peut bien faire Anne, **en ce moment?**»	 **à un** moment donné **en ce** moment	 auf einmal im Augenblick, zur Zeit (auf die Gegenwart bezogen)
Et juste **à ce moment(-là),** le téléphone a sonné: c'était Anne.	**à ce** moment(-là)	in jenem Augenblick (auf die Vergangenheit bezogen)

Abweichender Gebrauch von Präpositionen im Deutschen und Französischen

Je l'ai vu/ Je le verrai		lundi.	... **(am)** Montag.	Im Französischen werden diese Zeit- und Datumsangaben durch eine Nominalgruppe **ohne** Präposition ausgedrückt.
	le	15 mai.	... **am** 15. Mai.	
	cette	semaine.	... **in** dieser Woche/diese Woche.	
	cette	année.	... **in** diesem Jahr/dieses Jahr.	
	cet	été.	... **in** diesem/diesen Sommer.	
Il partira	**l'**	année **prochaine.**	... **im** nächsten/nächstes Jahr.	Im Deutschen kann oder muß eine Präposition stehen.
Il me l'a dit	**la**	semaine **dernière.**	... **in** der letzten/letzte Woche.	
Vous partez	**quel**	jour?	... **an** welchem Tag?	

2. Die Präpositionen «avant – après» und «il y a – dans»

1. Philippe veut partir/partira/est parti **avant la Pentecôte.** **avant le 10 mai.** **avant les vacances.** **avant nous.**	 ... vor Pfingsten. ... vor dem 10. Mai. ... vor den Ferien. ... vor uns.	• **avant** + NG bezeichnet einen **Zeitpunkt, vor dem** ein Geschehen stattfinden wird oder stattgefunden hat, sowie die **Reihenfolge.**
Philippe veut partir/partira/est parti **après Pâques.** **après le 1er mai.** **après sa cure.** **après sa sœur.**	 ... nach Ostern. ... nach dem 1. Mai. ... nach seiner Kur. ... nach seiner Schwester.	• **après** + NG bezeichnet einen **Zeitpunkt, nach dem** ein Geschehen stattfinden wird oder stattgefunden hat, sowie die **Reihenfolge.**

2. Philippe voulait partir/est parti **il y a un mois.** … (heute) vor einem Monat. **il y a cinq semaines.** … (heute) vor fünf Wochen. **il y a deux heures.** … (jetzt) vor zwei Stunden.	• **il y a** + NG bezeichnet einen **vergangenen Zeitpunkt,** der von dem **Sprechzeitpunkt** (jetzt) aus **zurückgerechnet** wird.
Philippe revient/reviendra **dans un mois.** … (heute) in einem Monat. **dans cinq semaines.** … (heute) in fünf Wochen. **dans deux heures.** … (jetzt) in zwei Stunden.	• **dans** + NG bezeichnet einen **künftigen Zeitpunkt,** der von dem **Sprechzeitpunkt** aus **voraus-gerechnet** wird (= nach Ablauf von).

⚠ **Unterscheide:**

1. Jean-Claude a travaillé **pendant deux heures.** … 2 Stunden lang.
   Voilà ce qu'il a fait **en deux heures.** … **innerhalb von** 2 Stunden.
   Il est sorti. Il rentre(ra) **dans deux heures.** … in/**nach Ablauf von** 2 Stunden.

2. **Devant** les tentes, on voit un kiosque.
   Derrière les tentes, il y a des caravanes.
   Reine Ortsbestimmung: Was sich im Vordergrund/Hintergrund befindet.

   La réception est juste **avant** le kiosque.
   Notre caravane est la première **après** les tentes.
   Ortsbestimmung entsprechend dem zeitlichen Ablauf: Was man zuerst/danach erreicht.

   Nous vous attendrons **avant** midi.
   Après le déjeuner, on visitera la région.
   Reine Zeitbestimmung: Was vor/nach einem Zeitpunkt geschieht.

123 3. Weitere Präpositionen zum Ausdruck zeitlicher Beziehungen

Annick a passé son permis: **à partir d'**aujourd'hui, elle pourra conduire une voiture.	à partir de	von … an
Elle a pris des leçons **depuis** le mois de juin.	depuis	seit
Elle a eu peur **jusqu'à** la dernière minute.	jusqu'à	bis
Annick veut s'acheter une petite voiture **entre** Pâques **et** la Pentecôte.	entre … et	zwischen … und
Elle peut prendre ses vacances d'été **du** 28 juillet (jusqu') **au** 22 août.	de … (jusqu')à	(ununterbrochen) von … bis
Elle voulait partir **dès** le 27 au soir/**dès** le matin.	dès	schon, von … an, seit
Mais ses amis lui ont dit d'éviter l'autoroute **à la fin du** mois de juillet et	à la fin de	(am) Ende (von)
au début du mois d'août.	au début de	(am) Anfang (von)
Les Brunot ont pris l'autoroute du Soleil le 1er août.		
Au bout de deux heures, ils étaient toujours dans la banlieue parisienne.	au bout de	nach (Ablauf von)

⚠ **Unterscheide:**

Annick est/était en vacances **depuis** le 28 juillet. … **seit** dem 28. Juli (und immer noch).
Annick sera en vacances **à partir du** 28 juillet. … **vom** (kommenden) 28. Juli **an.**

Anmerkung: In bestimmten Wendungen hat die Präposition *à* die Bedeutung ‚bis'.

Beispiele: à demain – bis morgen; à ce soir – bis heute abend | à tout à l'heure – bis gleich; à bientôt – bis bald.

Präpositionen zum Ausdruck modaler Beziehungen

4 1. Die Präpositionen «avec, à» und «de» zur Kennzeichnung des Mittels

Ne mange pas **avec les doigts.** On ouvre les boîtes **avec un ouvre-boîte.** Lave la voiture **avec cette éponge** (Schwamm).	• **avec** + NG bezeichnet ein **Mittel** oder **Werkzeug.**
– Je peux **laver** ce pull **à la machine?** – Moi, je le laverais **à la main.** Notre chauffage **marche au gaz/à l'électricité.**	• **à** + NG bezeichnet zusammen mit dem Verb eine **Verfahrensweise** oder eine **Funktionsweise.**
Ne **montre** pas les gens **du doigt.** Quand tu partiras, tu me **feras signe de la main/ de la tête.** Tout le monde a **mangé de bon appétit.**	• **de** + NG bezeichnet zusammen mit dem Verb eine **Handlungsweise.** Es steht vor Nomen, die Körperteile und Körperfunktionen bezeichnen.

Unterscheide:

1. J'ai traduit ce texte **avec** l'aide **de mon frère.** (Person)
   J'ai traduit ce texte **à** l'aide **d'un dictionnaire.** (Sache)
2. J'ai lavé ce pull **avec** du savon. (Mittel)
   J'ai lavé ce pull **à** la main. (Verfahrensweise)

5 2. Die Präpositionen «en, par» und «à» zur Kennzeichnung der Fortbewegungsart

		Wendungen	
Mes parents partiront **en voiture.**	... mit dem Auto	partir, voyager, y aller, venir, rentrer un voyage	**en** voiture, **en** moto **en** métro, **en** autobus **en** avion, **en** car **en** train/ **par le** train
Pierre et moi, nous irons **en moto.**	... mit dem Motorrad		
En Amérique, le groupe a voyagé **en** avion,	... mit dem Flugzeug		
en car et **en** train/**par le** train.	... mit dem Bus/Zug		
Aber:		**Aber:**	
Martine est venue **par le** car **de 7 heures.**	... mit dem 7-Uhr-Bus	partir, y aller, venir, rentrer	**par le** car/**le** bus/ **le** train/**l'**avion **de** ... (heures)
Elle est rentrée **par le** train **de minuit.**	... mit dem 12-Uhr-Zug		
Gisèle a fait une excursion { **en/à** vélo. / **en/à** bicyclette.	... mit dem Fahrrad	se promener, faire une excursion/ une promenade	**en/à** vélo **en/à** bicyclette **à** pied **à** cheval
Ses copains ont fait une promenade { **à** pied. / **à** cheval.	... zu Fuß ... zu Pferd.		

- **En/à** + Nomen **ohne** Artikel bezeichnet die Fortbewegungsart bzw. das Fortbewegungsmittel in allgemeiner Weise.
- **Par** + Nomen **mit** Artikel + *de*-Ergänzung bezeichnet ein zu bestimmten Zeiten verkehrendes Fortbewegungsmittel.

Anmerkung: *Par avion* bedeutet nur *mit Luftpost.*

126 3. Weitere Präpositionen zum Ausdruck modaler Beziehungen

– Je prends un thé **au** lait et un sandwich **au** jambon.	à	mit (Zubereitungsart)
– Et moi, une glace **à** 10 francs.	à	zu/zum Preis von …
Je n'ai pas pu venir **à cause de** la pluie.	à cause de	wegen (Grund)
J'ai donc écouté des disques **avec** Nicole.	avec (qn)	mit, in Begleitung von
D'après Nicole, la musique est ce qu'il y a de plus beau.	d'après (elle)	} ihrer/seiner Meinung
Selon Patrick, c'est la peinture.	selon (lui)	nach
Cette maison n'est pas **en** pierre, mais **en** bois.	en	aus (Material)
Ferme la fenêtre. On meurt **de** froid.	de	aus, vor (Grund)
François s'est promené **malgré** la chaleur.	malgré	trotz
Dans la rue, des groupes de jeunes. **Parmi eux,** des fils et des filles d'immigrés.	parmi	unter (mehreren)
Ce n'est pas un film **pour** enfants. C'est l'histoire d'un jeune qui a été arrêté **pour** vol de voiture.	pour	1. für 2. wegen
Il vivait tout seul, **sans** sa famille/**sans** bons amis.	sans	ohne
Nicole est gentille **pour/avec** ses amis.	pour	} (nett/gut/höflich)
Elle est bonne **pour/envers/avec** les animaux.	envers	zu
Elle est polie (höflich) **avec** les voisins.	avec	
En France, les musées sont ouverts tous les jours **sauf/excepté** le mardi.	sauf excepté	} außer

Unterscheide:

une tasse **à** café	Kaffeetasse	} Zweck-	une tasse **de** café	Tasse Kaffee	} Mengen-
une assiette **à** soupe	Suppenteller	bestimmung	une assiette **de** soupe	Teller Suppe	angabe.

127 Präpositionen – Adverbien – Konjunktionen

1. Eine Reihe von präpositionalen Ausdrücken mit *de* hat ein entsprechendes **Adverb** ohne *de:*

Les Brun habitent au troisième étage.		
Les Leblanc habitent **au-dessus.**	darüber	(= au-dessus des Brun)
Les Roux habitent **à côté.**	nebenan	(= à côté des Brun)
M. Dulac habite **en face.**	gegenüber	(= en face des Brun) – **Unterscheide:**

J'avais mis les timbres	**dans** cette boîte.	Mais ils ne sont plus	**dedans.**	darin
N'oublie pas de mettre un timbre	**sur** la lettre.	– Il est déjà	**dessus.**	darauf
Le prix est écrit	**sous** le vase?	– Oui, il est écrit	**dessous.**	darunter
	Präposition + NG		**Adverb**	

2. Bei einigen Präpositionen gibt es eine inhaltlich entsprechende **Konjunktion** mit *que,* nach der aber keine Nominalgruppe folgt, sondern ein Adverbialsatz. – Unterscheide:

pendant mon séjour en France	während	**pendant que** j'étais en France	während
depuis des années	seit	**depuis qu'**on se connaît	seit (dem)
jusqu'à dix heures	bis	**jusqu'à ce qu'**il fasse nuit	bis (daß)
sans explication	ohne	**sans que** je sache ce qui s'est passé	ohne daß
Präposition + Nominalgruppe		**Konjunktion + Adverbialsatz**	

Weitere Konjunktionen vgl. **169.**

Kapitel 10: Die Satzarten – Les types de phrases

8 Die verschiedenen Satzarten

Jeder Satz gehört einer bestimmten Satzart an. Man unterscheidet **vier Satzarten:**

Jacques est rentré de bonne heure.	• **Aussagesatz**	(phrase déclarative)
(Est-ce que) Jacques est rentré de bonne heure?	• **Fragesatz**	(phrase interrogative)
Rentre de bonne heure.	• **Aufforderungssatz**	(phrase impérative)
Tiens! Jacques est rentré de bonne heure!	• **Ausrufesatz**	(phrase exclamative)

Die verschiedenen Satzarten unterscheiden sich

- in der **gesprochenen** Sprache durch ihre jeweilige **Intonation** (Satzmelodie),
- in der **geschriebenen** Sprache durch **Satzzeichen** (z. B. Punkt, Frage- oder Ausrufezeichen).

Der Aussagesatz – La phrase déclarative

9 Die Form des Aussagesatzes – La forme de la phrase déclarative

1. Der einfache Aussagesatz

Der einfache Aussagesatz besteht aus einem **Subjekt** und einem **Prädikat.** – Beispiel:

Les élèves	**attendent**	**le bus.**	
Ce bus	**va**		**au lycée.**
Subjekt	**Prädikat**		
	Verb (Prädikatskern)	(Direktes) **Objekt**	**Adverbiale Bestimmung**

- Die **Subjektstelle** ist in diesen Beispielen besetzt durch eine **Nominalgruppe,** die aus einem Begleiter + Nomen besteht.
- Die **Prädikatsstelle** ist besetzt durch eine **Verbalgruppe,** d. h. durch ein Verb und dessen Ergänzung.
  Das **Verb** bildet den **Prädikatskern.** Die **Ergänzungen** sind in den vorliegenden Beispielen ein **direktes Objekt** (le bus) und eine **adverbiale Bestimmung** (au lycée). (Vgl. **90.**)

Anmerkungen: 1. Nominalgruppen können auch aus Eigennamen bestehen oder durch Pronomen ersetzt werden. Beispiele:

Jean et **Anne** attendent le bus. **Ils** vont au lycée.

2. Nominalgruppen lassen sich auf verschiedene Art erweitern (vgl. **1,** 3).

Einige Verben, z.B. *être, devenir, trouver,* haben eine prädikative Ergänzung (prädE) bei sich.
Beispiele:

Jean et Anne	**sont**		**lycéens.**
Jean	**veut devenir**		**ingénieur.**
Jean	**trouve**	**Anne**	**gentille.**
Subjekt	**Verb**	**dirO**	**prädE**

- Die prädikative Ergänzung kann ein **Nomen** (lycéen, ingénieur) oder ein **Adjektiv** (gentil) sein.
- Sie kann sich auf das **Subjekt** (z.B. in Verbindung mit *être* und *devenir*) oder auf das **direkte Objekt** (z.B. in Verbindung mit *trouver*) beziehen.
- Sie stimmt in Genus und Numerus mit dem Beziehungswort überein.

2. Der erweiterte einfache Aussagesatz

Der einfache Aussagesatz kann **erweitert** werden durch **adverbiale Bestimmungen,** die keine Verbergänzung im engeren Sinn darstellen. – Beispiele:

	Einfacher Aussagesatz	
	Les élèves attendent le bus	**devant la mairie.**
Tous les matins,	ce bus va au lycée Jean-Jacques Rousseau.	
Erweiterung		**Erweiterung**

H **Verbergänzung** ist die adverbiale Bestimmung nur bei den Verben, die mit obligatorischer Ortsangabe konstruiert werden, z.B.

aller, se rendre, retourner, habiter, séjourner à/dans un endroit.

130 Die Intonation des Aussagesatzes – L'intonation de la phrase déclarative

4			
3	-çois	-té	livre
2	Fran- est étu-	Il a ache- un	Il a envoyé ce à son amie Ni-
1	-diant.	livre.	-cole.

- Die Satzmelodie (Intonation) des Aussagesatzes steigt zunächst an und sinkt zum Satzende etwas tiefer ab, als sie am Satzanfang war.

4		
3	-tin, -té	livre
2	Hier ma- François a ache- un	Il a acheté ce sur les
1	livre.	quais.

- **Einleitende** adverbiale Bestimmungen haben **steigende** Intonation.
- **Nachgestellte** adverbiale Bestimmungen haben **fallende** Intonation.

1 Die Stellung der Satzglieder im Aussagesatz
L'ordre des mots dans la phrase déclarative

1. Im einfachen Aussagesatz

a)	François	rêve.		
	Il	fera	un voyage.	
	Il	demandera	de l'argent à son père.	
	Il	ira		en Amérique du Sud.
	S	**V**	**O**	**adv B**
	Subjekt	Verb	(direktes/indirektes Objekt)	adv. Bestimmung

b)	François	est		étudiant.
	Il	veut devenir		pharmacien.
	Tout le monde	trouve	François	sympathique.
	S	**V**	dir **O**	**präd E**

In einem Aussagesatz, in dem kein Satzglied besonders hervorgehoben ist, stehen die Satzglieder in folgender Reihenfolge: a) **S – V – O – adv B**
b) **S – V – – präd E**
S – V – O – präd E

• **Die Stellung der Objekte**

François a écrit	**une lettre**	**à Nicole.**		**S – V – dir O** – ind **O**
Il a écrit		**à Nicole**	**une lettre de 10 pages.**	**S – V** – ind **O – dir O**
Il a envoyé		**à Nicole**	**un livre dont elle a besoin pour ses études.**	

• Normalerweise steht das **direkte** Objekt **vor** dem **indirekten** Objekt.
• Wenn jedoch auf dem direkten Objekt der **Schwerpunkt der Aussage** liegt, steht es **am Satzende,** also nach dem indirekten Objekt.
Dies ist z. B. der Fall, wenn das direkte Objekt erweitert und dadurch deutlich länger ist als das indirekte Objekt.

• **Die Stellung des Subjekts im Begleitsatz der direkten Rede**

Das Subjekt steht im Aussagesatz normalerweise **vor** dem Verb. Aber:

«Dépêche-toi, Nicolas!» m'a dit **papa.** «Pourquoi? **ai-je demandé.** On a le temps.» (Sempé/Goscinny, *Le petit Nicolas*)	Im Begleitsatz der direkten Rede tritt in der geschriebenen Sprache das Subjekt **hinter** das Verb (Inversion des Subjekts).

Anmerkung: Inversion tritt in der gehobenen geschriebenen Sprache häufig auch nach einigen Adverbien ein, wenn diese am Anfang des Satzes stehen. – Beispiele:

Sans doute a-t-**elle** } rencontré une amie.
Peut-être a-t-**elle** }
Aber: **Peut-être qu'elle a** rencontré une amie.
Cet homme est très égoïste: **aussi** n'a-t-**il** pas d'amis.

sans doute	sicherlich
peut-être	vielleicht
aussi	deshalb

2. Im erweiterten einfachen Aussagesatz

Die den einfachen Aussagesatz erweiternden adverbialen Bestimmungen können am Satzanfang oder am Satzende stehen. Ihre Stellung hängt davon ab, ob sie im Satz **Ausgangspunkt der Aussage** sind oder ob auf ihnen der **Schwerpunkt der Aussage** liegt. – Unterscheide:

Adv. Bestimmung	Einfacher Aussagesatz	Adv. Bestimmung	Gedachte Fragen:
Ce matin,	François a acheté un livre	**sur les quais.**	**Qu'est-ce que** François a fait ce matin?
Ce matin, sur les quais,	François a acheté **un livre.**		**Qu'est-ce qui** s'est passé ce matin, sur les quais?
Sans hésiter,	il l'a envoyé **à Nicole.**		**Qu'est-ce qu'**il a fait ensuite?
	Il l'a envoyé à Nicole	**tout de suite, avant d'aller à l'université.**	**Quand** a-t-il envoyé ce livre à Nicole?
Ausgangspunkt der Aussage		Schwerpunkt der Aussage	

Der Fragesatz – La phrase interrogative

132 Die Gesamtfrage und die Teilfrage

Tu vas aux Etats-Unis? – **Oui./Non./** – **Oui,** peut-être. Tu ne vas donc pas au Canada? – **Si,** j'y vais aussi.	• Die **Gesamtfrage** (l'interrogation totale), auch **Entscheidungsfrage** genannt, bezieht sich auf den gesamten Satz. Sie enthält **kein Fragewort** und wird mit Adverbien wie *oui, non, si* u.a. beantwortet (vgl. **143 A** 2).
Quand est-ce que tu pars? – Le 5 août. Tu vas rester **combien de temps?** – Un mois./ Je ne sais pas encore.	• Die **Teilfrage** (l'interrogation partielle) enthält ein **Fragewort.** Sie bezieht sich auf einen Teil des Satzes, der durch die Antwort ergänzt wird, und wird daher auch **Ergänzungsfrage** genannt.

Eine Frage kann direkt oder indirekt gestellt werden.

- **Direkte Frage:** Tu vas en Amérique? Tu pars **quand?**
- **Indirekte Frage:** J'aimerais savoir **si** tu vas en Amérique. Dis-moi **quand** tu pars. (Vgl. **139.**)

133 Die Typen des Fragesatzes – Les types de la phrase interrogative

Das Französische verfügt über mehrere Typen des direkten Fragesatzes, die je nach Redesituation und Gesprächspartner verwendet werden. – Man unterscheidet:

Gesamtfrage:	Luc va quitter Paris? **Est-ce qu'**il va quitter Paris? Quittera-t-**il** Paris? **Luc** quittera-t-**il** Paris?	• die **Intonationsfrage** • die **est-ce que-Frage** • die **Inversionsfrage** • die **absolute Fragestellung**
Teilfrage:	Luc part **quand?** **Quand est-ce qu'**il part? **Quand** partira-t-**il?** **Quand Luc** partira-t-**il?**	• die **Frage mit nachgestelltem Fragewort** • die **est-ce que-Frage** • die **Inversionsfrage** • die **absolute Fragestellung**

Die verschiedenen Typen des Fragesatzes haben folgende **Kennzeichen:**

- Die **Intonationsfrage** wird hörbar nur durch die **Intonation** (Satzmelodie) gekennzeichnet. Die **Wortstellung** ist die gleiche wie im **Aussagesatz.**
- Die **est-ce que-Frage** ist durch das einleitende Fragesignal *est-ce que* markiert. Die **Wortstellung** ist die gleiche wie im **Aussagesatz.**
- In der **Inversionsfrage** tritt das Subjektpronomen bzw. das nominale Subjekt **hinter** das Verb. Das Subjektpronomen wird dabei an das Verb mit Bindestrich angeschlossen.
- In der **absoluten Fragestellung** bleibt das nominale Subjekt **vor** dem Verb stehen und wird **nach** dem Verb durch das entsprechende Subjektpronomen wieder aufgenommen.
- In der **Frage mit nachgestelltem Fragewort** tritt das Fragewort **hinter** das Verb, an die Stelle des Objekts oder der adverbialen Bestimmung, nach der es fragt.

Zur Inversionsfrage der 3. Person vgl. **77** H 1. – Zur segmentierten Frage vgl. **152.**

Die absolute Fragestellung wird auch verwendet, wenn das Subjekt *cela* ist: **Cela** est-**il** étonnant?

4 Die Intonation des Fragesatzes – L'intonation de la phrase interrogative

4	-ris?	-rique?	-t-il -temps?
3	Luc quittera Pa-	Est-ce qu'il ira en Amé-	Restera- long-
2		-rique?	-temps?
1			

Gesamtfrage:
- Die **Intonationsfrage** hat **steigende** Intonation.
- Bei der **est-ce que**-Frage und bei der **Inversionsfrage** ist steigende oder fallende Intonation möglich.

4	Quand	qui		-don? où?
3	est-ce que Luc	Avec part-	Il va	Par- Il va
2	part?	-il?	où?	
1				

Teilfrage:
- Fragen mit **einleitendem** Fragewort haben **alle fallende** Intonation. Das Fragewort hat jeweils den höchsten Ton.
- Fragen mit **nachgestelltem** Fragewort haben **meist fallende** Intonation. In Rückfragen haben sie steigende Intonation.

135 Fragesatztypen und Sprechsituationen

Die einzelnen Fragesatztypen werden je nach Redesituation und Gesprächspartnern unterschiedlich verwendet.

Tu t'en vas? Tu ne veux pas rester? Comment? M. Michelet n'est pas d'accord? Tu habites **où**? Ton amie arrive **quand**? Il est **quelle heure**? Pierre est né **quel mois**?	• Die **Intonationsfrage** und die **Frage mit nachgestelltem Fragewort** sind in der **gesprochenen** Sprache der häufigste Fragetyp. Sie werden in allen nicht förmlichen Situationen verwendet.
Vivrons-nous autrement en 2050? **Aura-t-on** remplacé l'énergie nucléaire? Combien de temps **restez-vous,** madame? Que **désirez-vous,** monsieur?	• Die **Inversionsfrage** gehört vorwiegend der **geschriebenen** Sprache an. In der gesprochenen Sprache wird sie in förmlichen Situationen verwendet.
Comment **l'auteur** décrit-**il** le personnage principal du roman? Alors, monsieur le Ministre, **les prix** resteront-**ils** stables? **L'industrie** continuera-t-**elle** à polluer l'air?	• Die **absolute Fragestellung** gehört der **geschriebenen** Sprache an. Gesprochen findet man sie in sehr förmlichen Situationen, z.B. im Unterrichtsgespräch, in offiziellen Interviews.
Est-ce que je paie tout de suite? **Quand est-ce qu'**ils reviendront? **Qu'est-ce que** vous faites là? Tout le monde pense qu'il faut acheter cette machine. Et vous, M. Dubois, **est-ce que** vous êtes aussi de cet avis?	• Die **est-ce que-Frage** ist in bezug auf die Sprechsituation **neutral**, jedoch schwerfällig, außer in der 1. Pers. Sing. und in der Verbindung *qu'est-ce que*. Sie wird insbesondere verwendet, um der Frage stärkeren Nachdruck zu verleihen.

H Statt der absoluten Fragestellung steht in der gesprochenen Sprache häufig ein segmentierter Fragesatz. Unterscheide:

Förmliche Sprechsituation: De quoi **Luc** parle-t-**il?**
Familiäre Sprechsituation: **Luc, il** parle de quoi? **Il** parle de quoi, **Luc?** (Vgl. **152.**)

Die Formen der Teilfrage

136 1. Die Frage nach dem Subjekt

Frage nach dem Subjekt **Qui** a téléphoné? — Wer? **Qui est-ce qui** a téléphoné?	In der Frage nach dem **Subjekt** steht • bei **Personen:** **Qui?** oder das nachdrücklichere **Qui est-ce qui?**
Qu'est-ce qui se passe? — Was? **Qu'est-ce qui** vous intéresse?	• bei **Sachen:** **Qu' est-ce qui?**
Frage nach der Identität **Qui est-ce?** **C'est qui?** (nur gesprochen) — **Wer** ist das?	In der Frage nach der **Identität** • einer **Person** steht **Qui est-ce?** oder (nur gesprochen) **C'est qui?**
Qu'est-ce que c'est? **C'est quoi?** (nur gesprochen) — **Was** ist das?	• einer **Sache** steht **Qu'est-ce que c'est?** oder (nur gesprochen) **C'est quoi?**

Im Satz mit *être* lautet die Frage nach der **prädikativen Ergänzung**

- für **Personen: Qui est** (ce garçon/cette dame)? **Qui sont** (ces gens)?
- für **Sachen: Quelle est** (votre opinion)? **Quels sont** (vos projets)?

Anmerkung: Statt *qui est/qui sont* wird in gesprochener Sprache häufig ein segmentierter Satz mit nachgestelltem *qui est-ce* gebraucht. – Beispiel:

Ce garçon, qui est-ce? Oder: C'est qui, ce garçon?

7 2. Die Frage nach den Objekten

Personen Tu attends **qui?** Tu écris **à qui?** **Luc, il** attend **qui?** **Luc, il** écrit **à qui?**	**Qui est-ce que** tu attends? **A qui est-ce que** tu écris? **Qui est-ce que** Luc attend? **A qui est-ce que** Luc écrit?	**Qui** attends-**tu?** **A qui** écris-**tu?**	**Qui Luc** attend-**il?** **A qui Luc** écrit-**il?**
Sachen Tu fais **quoi?** Tu parles **de quoi?** **Luc, il** fait **quoi?** **Luc, il** parle **de quoi?**	**Qu'est-ce que** tu fais? **De quoi est-ce que** tu parles? **Qu'est-ce que** Luc fait? **De quoi est-ce que** Luc parle?	**Que** fais-**tu?** **De quoi** parles-**tu?** **Que** fait **Luc?** **De quoi** parle **Luc?**	**De quoi Luc** parle-t-**il?**
Nachgestelltes Fragewort: gesprochen	**Est-ce que:**	**Inversion:** **gesprochen und geschrieben**	**Absolute Fragestellung: geschrieben**

Die Inversion eines **nominalen** Subjekts ist nicht möglich, wenn nach dem indirekten Objekt gefragt wird und dem Verb ein direktes Objekt folgt. – Beispiel:

Que propose **Mme Michelet** à ses amis?	Satz ohne direktes Objekt nach dem Verb
Aber: A qui est-ce que Mme Michelet propose **un voyage?**	Satz mit direktem Objekt nach dem Verb.

8 3. Die Frage nach der adverbialen Bestimmung

Vous allez **où?** Votre train part **quand?**	**Où est-ce que** vous allez? **Quand est-ce que** votre train part?	**Où** allez-**vous?** **Quand** part **votre train?**	**Quand votre train** part-**il?**
Nachgestelltes Fragewort: gesprochen	**Est-ce que:**	**Inversion:** **gesprochen und geschrieben**	**Absolute Fragestellung: geschrieben**

1. Die Inversionsfrage ist bei **nominalem Subjekt** nur dann möglich, wenn dem Verb kein direktes Objekt und kein indirektes Objekt folgt: – Beispiele:

   Où va **Sylvie?** **Oder:** Où Sylvie va-t-elle?
   Quand partira **ton ami?** Quand ton ami partira-t-il?
   Aber nur: Où Sylvie porte-t-**elle ses disques?**
   Quand Pierre téléphonera-t-**il à ses amis?**

2. Nach **pourquoi** ist die Inversionsfrage mit nominalem Subjekt nicht möglich.

   Also nur: **Pourquoi est-ce que** Pierre ne travaille pas?
   Oder: **Pourquoi Pierre** ne travaille-t-**il** pas? (geschriebene Sprache)

139 **Die indirekte Frage** – L'interrogation indirecte

Die indirekte Frage ist von einem einleitenden Satz abhängig, der ein Verb enthält wie *dire, demander, expliquer, savoir, voir.*

Direkte Frage	Indirekte Frage		
1. Est-ce que Claire fera les courses?	Demande à Claire	**si**	elle fera les courses
Elle a besoin de la voiture?	et	**si**	elle a besoin de la voiture.
Pierre, il a rangé sa chambre?	J'aimerais savoir	**s'**	il a rangé sa chambre.
2. **Qui** est ce garçon?	Dis-moi	**qui**	est ce garçon.
Où est-ce que vous allez?	Dites-moi	**où**	vous allez.
Vous rentrez **quand?**	Savez-vous	**quand**	vous rentrez?
Pourquoi as-tu menti?	Explique-moi	**pourquoi**	tu as menti.
Aber:			
Qui (est-ce qui) a sonné?	Va voir	**qui**	a sonné.
Qui est-ce que tu attends?	Dis-moi	**qui**	tu attends.
Qu'est-ce qui t'ennuie?	Raconte	**ce qui**	t'ennuie.
Qu'est-ce que tu penses de Marc?	Dis-moi	**ce que**	tu penses de Marc.
Qu'est-ce que c'est?	Dis-moi	**ce que**	c'est.

1. Die indirekte **Gesamtfrage** wird mit **si** (ob) eingeleitet.
   Vor *il* und *ils* (nicht vor *elle(s)*!) wird *si* zu *s'*.
2. Die indirekte **Teilfrage** wird mit dem gleichen Fragewort wie die entsprechende direkte Teilfrage eingeleitet.

   Aber: Qui est-ce qui / Qui est-ce que } → **qui** (Frage nach Personen)

   Qu'est-ce qui → **ce qui** / Qu'est-ce que → **ce que** } (Frage nach Sachen)
3. Im Gliedsatz stehen die Satzglieder in der Reihenfolge Fragewort + Subjekt + Verb.

In der indirekten Frage tritt keine Inversion ein, außer bei *qui est* + Nomen (Dis-moi qui est ce garçon) und *quel est* + Nomen (Dis-moi quel est son nom). – Zum Gebrauch der Tempora vgl. **187-189.**

140 **Der Aufforderungssatz** – La phrase impérative

1. Der Aufforderungssatz drückt je nach Situation und Redeabsicht einen Befehl, eine Bitte, einen Wunsch oder einen Rat aus.

Yves, **ferme** la fenêtre, s'il te plaît. **Ne parlez pas** tous à la fois. **Asseyez-vous** donc, madame. **Rentrons** avant qu'il fasse nuit. Si vous voulez, **jouons** aux cartes.	• Will man seine Gesprächspartner zu etwas auffordern, verwendet man in der Regel den **Imperativ** Singular bzw. der 2.Person Plural. Gehört man selbst zu der aufgeforderten Gruppe, steht die 1. Person Plural des Imperativs.
Dis-lui **de se dépêcher,** s'il te plaît. **Dites-**leur **d'entrer** un par un. **Dites-**leur **d'attendre.** **Qu'**il **vienne** demain! **Qu'**il **attende**!	• Aufforderungen, die an nicht anwesende Personen übermittelt werden sollen, werden ausgedrückt – durch eine **Infinitivkonstruktion**; – durch **que** + Verb im **Subjonctif.**

2. Aufforderungen und Verbote können auch mit Hilfe anderer Redemittel ausgedrückt werden.

– Je peux sortir, papa? – Non, tu **resteras/restes** ici. Pour demain, vous **ferez** l'exercice 3. Tu **vas te taire** à la fin!	Zum Ausdruck von Aufforderungen und Bitten kann stehen • ein **Aussagesatz** mit **modalem Futur** oder **Présent;**
Tu fermes la porte, **s'il te plaît?**	• ein **Fragesatz** + **s'il te/vous plaît;**
Veux-tu enfin **te taire?** **Tu ne peux pas arrêter** ton magnétophone?	• ein **Fragesatz** mit **vouloir/pouvoir** + Infinitiv
Si on allait au cinéma? Gehen wir doch...	• ein **Fragesatz** mit **si** + Imparfait.

Anmerkung: In der **geschriebenen** Sprache steht in Aufforderungen und Verboten, die an nicht näher bestimmte Personengruppen gerichtet sind, der **Infinitiv** oder ein **nominaler Ausdruck,** z. B.:

Pour tous renseignements, **s'adresser** à la concierge. *(In Mietshäusern)*
Ne pas **se pencher** au dehors. Ne pas **ouvrir** avant l'arrêt du train. *(In Zügen)*
Prière de ne pas stationner. **Défense de** fumer.

41 **Der Ausrufesatz** – La phrase exclamative

Cette fille est belle! Elle est charmante! N'est-elle pas gentille?	• Der Ausrufesatz hat meist die Struktur eines **Aussagesatzes** oder eines **Fragesatzes** in **verneinender** Form.
Comme/Que cette fille est belle! **Comme/Qu'**elle est charmante! **Qu'est-ce qu'**il est bête!	• Der Ausrufesatz kann durch ein **Ausrufewort** wie *comme, que* oder *qu'est-ce que* (gesprochene Sprache) eingeleitet werden.

Kapitel 11: Die Satzformen – Les formes de phrases

142 Die verschiedenen Satzformen

Die verschiedenen Satzarten (Aussage-, Frage-, Aufforderungs-, Aufrufesatz) treten in unterschiedlichen **Satzformen** auf. Die Satzform ist entweder **bejahend** oder **verneinend, aktiv** oder **passiv, segmentiert** oder **nicht segmentiert, neutral** oder **hervorhebend.**
Die Satzformen können – sofern es sich nicht um sich ausschließende Gegensatzpaare handelt – miteinander kombiniert vorkommen. – Beispiel:

Satzart:		**Satzformen:**
Aussagesatz	La police **recherche** Pierre Duval.	• **bejahend** + **aktiv**
	Pierre Duval **est recherché** par la police.	• **bejahend** + **passiv**
	La police **ne recherche pas** Pierre Duval.	• **verneinend** + **aktiv**
	Pierre Duval **n'est pas recherché** par la police.	• **verneinend** + **passiv**

Bejahung, Verneinung und Einschränkung
Affirmation – Négation – Restriction

143 Bejahende und verneinende Sätze – Phrases affirmatives et phrases négatives

Ein bejahender Satz kann mit Hilfe bestimmter Verneinungselemente in einen verneinenden Satz umgeformt werden.

Tu viens ou tu **ne** viens **pas?**	In der **geschriebenen** und in der **förmlichen gesprochenen** Sprache besteht die Verneinung aus **zwei** Elementen:
François **ne** fume **plus.**	
Vous **ne** dites **rien?**	ne … pas ne … rien
M. Legrand **ne** sort **jamais.**	ne … plus ne … jamais u. a.

Anmerkungen: 1. In der **gesprochenen** Sprache steht in ungezwungener Sprechsituation häufig nur **ein** Verneinungselement, und zwar das tonstärkere *pas, plus, rien* u. a.:

Tu **(ne)** viens **pas?** > [tyvjɛ̃pa]. On **(ne)** sort **jamais.** > [õsɔrʒamɛ].

In der **geschriebenen** Sprache kann in bestimmten Fällen auch *ne* allein (ohne *pas*) stehen, z. B. nach *cesser, oser, pouvoir, savoir* + Infinitiv. – Beispiele:

Il **ne** cesse de pleuvoir. Je **n'**ose refuser. Je **ne** saurais vous dire où il habite.

2. Bejahung und Verneinung können auch durch die Antwortelemente *oui, si, non* ausgedrückt werden. Dabei ist zu beachten, daß diese Elemente nach Verben des Sagens und Denkens mit *que* angeschlossen werden. – Beispiele:

Vous venez ce soir? – Je pense **que oui.** – Jacques **ne** vient **pas?** – Je crois **que non.**
Martine ne vient pas non plus? – **Si** madame/J'espère **que si.** (Doch …, ich hoffe, doch.)

4 Die Verneinungselemente – Les éléments de négation

Neben *ne … pas* gibt es eine Reihe weiterer Verneinungselemente, welche unterschiedliche Nuancen der Verneinung ausdrücken. – Beispiele:

1. – On va chez François?		
– Je **ne** sais **pas.**	ne … pas	nicht
Je **n'**y suis **jamais** allé.	ne … jamais	nie, niemals
– Vous voyez souvent les Dubois?		
– Non, ils **n'**habitent **plus** ici. Depuis leur déménagement,	ne … plus	nicht mehr
nous **ne** nous sommes **plus jamais** revus.	ne … plus jamais	nie mehr
– Vous **n'**avez **pas encore** vu le film qu'on passe au Rex?	ne … pas encore	noch nicht
– Non. On **ne** va **guère** au cinéma.	ne … guère	fast nicht, kaum
– Mireille nous a invités pour ce soir.		
– Ah bon? Je **n'**en savais **rien.**	ne … rien	nichts
Je **n'**ai **aucune** envie d'aller chez elle.	ne … aucun/aucune	keiner
Je **ne** connais **aucun** de ses amis/	ne … pas un seul/	
pas un seul de ses amis.	une seule	kein einziger
– Après tout, on **ne** peut forcer **personne.**	ne … personne	niemand
– Où est Patrick? On **ne** le trouve **nulle part.**	ne … nulle part	nirgends

Nach *ne … pas, ne … plus, ne … jamais* werden in einer folgenden Nominalgruppe der Partitiv *(du, de la)* und der unbestimmte Artikel Plural *(des)* zu **de** reduziert:

– Tu veux **de la** bière?
– Non merci, je **ne** bois **pas/plus/jamais de** bière (vgl. **20**).

2. Il pleut sans arrêt, mais je **ne** m'ennuie **pas du tout.**	ne … pas du tout	gar nicht, überhaupt nicht
Pierre Lamartine? Oui, je le connais, mais je **ne** le vois **plus du tout.**	ne … plus du tout	gar nicht/überhaupt nicht mehr
Je **n'**y comprends **rien du tout.**	ne … rien du tout	gar nichts

Ne … pas, ne … plus und *ne … rien* können durch *du tout* verstärkt werden.

Beachte die Stellung von *pas/plus/rien du tout* bei zusammengesetzten Verbformen:

	Je **ne** suis **pas du tout** sorti.				Je **ne** les ai **plus du tout** revus.	
Oder:	Je **ne** suis **pas**	sorti	**du tout.**	Oder:	Je **ne** les ai **plus**	revus **du tout.**
Aber:	Je **n'** ai **rien**	fait	**du tout.**		Je **ne** lui ai **rien**	dit **du tout.**

Zur Verneinung von nebengeordneten Satzelementen dient *ne … ni … ni* (weder … noch). Diese Verneinung gehört vornehmlich der geschriebenen Sprache an. – Beispiel:

Yves **et** Jacques sont à Londres.
Ni Yves **ni** Jacques **ne** parle/parlent anglais.

In der gesprochenen Sprache wird *ne … ni … ni* nur in bestimmten Wendungen gebraucht, z.B.
ne savoir ni lire ni écrire; ni l'un ni l'autre.

Sonst steht eine andere Konstruktion, z.B.

Yves et Jacques sont à Londres.
Yves **ne** parle **pas** anglais, (et) Jacques **non plus.**

Dem deutschen ‚auch nicht' entspricht im Französischen *(ne pas) non plus:*

– Je ne vais pas au cinéma ce soir. – Moi **non plus**/Je **n'**y vais pas **non plus.**

145 Die Stellung der Verneinungselemente

– Alain	**ne**	**viendra**	**pas.**			Die Verneinungselemente *ne … pas/ ne … plus/ne … jamais* etc. **umschließen** • die Gruppe Objektpronomen/ Adverbialpronomen + konjugiertes Verb bzw. Hilfsverb;
– Il	**n'**	**a**	**pas**	**dit**	qu'il viendrait.	
Anne	**ne**	m' **écrit**	**jamais.**			
Nous	**ne**	nous **voyons**	**plus**		**(du tout).**	
Je	**ne**	lui **ai**	**plus**	**parlé**	**du tout.**	
Elle	**ne**	m' **a**	**plus**	**téléphoné.**		
	Ne	s' **intéressant**	**pas**		à ces problèmes,	• die Gruppe Objektpronomen/ Adverbialpronomen + Form auf *-ant* (Participe présent, Gérondif).
Luc	**n'**	est	**pas**	allé	à cette réunion.	
En	**n'**	y **allant**	**pas,**			
il	**n'**	a	**pas**	manqué grand-chose.		
Je n'ai rien dit pour **ne pas** vous **inquiéter.** J'espère **ne plus** vous **entendre** parler de la sorte. Il affirme **ne pas** nous en **avoir parlé.** Il vaut mieux **ne plus** en **parler.**						Bezieht sich die Verneinung auf einen **Infinitiv**, so stehen die Verneinungselemente geschlossen vor der Gruppe Objekt-/Adverbialpronomen + Infinitiv.

Zur Stellung von *ne … rien* und *ne … personne* vgl. **69.** – Zu *ne … aucun* und *ne … pas un seul* vgl. **30** + **73.**

146 Die Verneinung ohne «ne»

La police interroge Max et Jojo, deux gangsters: Vous connaissez Jeannot? – **Moi pas./Pas moi.** – **Moi non plus.** On vous a vus avec lui. – **Pas possible.** Vous avez travaillé pour lui? – Non, **jamais.**	**Ne** steht **nicht** • in **Sätzen ohne Verb;**
André habitait un village **pas loin** de Dijon. Il logeait dans une maison **pas très confortable.** Dans sa chambre, il y avait un vieux lit **pas fait** et des vêtements **pas rangés.**	• in **erweiterten Nominalgruppen,** wenn sich die Verneinung auf ein Adverb, ein Adjektiv oder ein Participe passé bezieht;
M. Bernard est étudiant, et **(non) pas** professeur. Il vient de Bruxelles, et **(non) pas** de Lille.	• in **Richtigstellungen;** dabei kann *pas* durch *non* verstärkt werden.

147 Die Einschränkungselemente «ne … que, seulement, seul»

Yves { **ne** pense **qu'** / pense **seulement** } à ses livres. Il { **ne** fait **que** / fait **seulement** } ce qui l'intéresse. – Tu peux rester toute la semaine? – Non, **seulement** trois jours/trois jours **seulement.**	• Mit *ne … que* (nur, erst) werden Satzglieder eingeschränkt, die **nicht Subjekt** sind. *Ne … que* ist im allgemeinen mit *seulement* austauschbar. Jedoch ist *seulement* schwerfälliger als *ne … que.* Im Satz ohne Verb steht nur *seulement.*
Il n'y a que Nicolas **qui** sache danser. **Seul Nicolas/Nicolas seul** sait danser. **Il n'y a que** la mort **qui** puisse nous séparer. **Seule la mort/La mort seule** peut nous séparer.	• Wird das **Subjekt** eingeschränkt, so steht *il n'y a que … qui* + Subjonctif. In der geschriebenen Sprache steht auch *seul* + NG.
Son frère **ne fait/n'a fait que travailler.** … arbeitet nur (und macht nichts anderes)/hat nur gearbeitet.	• Bezieht sich die Einschränkung auf das **Verb,** so steht *ne faire que* + Infinitiv.

Aktiv und Passiv – L'actif et le passif

Die Formen des Passivs

Présent			Passé composé		
je	**suis** attendu(e)	ich werde erwartet	j'	**ai été** attendu(e)	ich bin erwartet worden/ wurde erwartet
tu	**es** attendu(e)		tu	**as été** attendu(e)	
il	**est** attendu		il	**a été** attendu	
elle	**est** attendu**e**		elle	**a été** attendu**e**	
nous	**sommes** attendu(e)**s**		nous	**avons été** attendu(e)**s**	
vous	**êtes** attendu(e)**s**		vous	**avez été** attendu(e)**s**	
ils	**sont** attendu**s**		ils	**ont été** attendu**s**	
elles	**sont** attendu**es**		elles	**ont été** attendu**es**	

Das Passiv eines Verbs wird gebildet mit dem Verb *être* und dem Participe passé des betreffenden Verbs.

Das Tempus wird durch die entsprechende Zeitform von *être* ausgedrückt. – Also:

	Aktiv	Passiv
Imparfait:	j'attend**ais**	j'**étais** attendu(e)
Plus-que-parfait:	j'**avais** attendu	j'**avais été** attendu(e)
Futur composé:	je **vais** attendre	je **vais être** attendu(e)
Futur simple:	j'attend**rai**	je **serai** attendu(e)
Conditionnel:	j'attend**rais**	je **serais** attendu(e)
Subjonctif:	que j'attend**e**	que je **sois** attendu(e)

Das Participe passé richtet sich in Genus und Numerus nach dem Subjekt.

Aktivsatz und Passivsatz

Le peuple de Paris	a pris	**la Bastille.**		**Aktiv**
La Bastille	a été prise		**par** le peuple de Paris.	**Passiv**
Ils	ont pris	**la Bastille**	le 14 juillet 1789.	**Aktiv**
La Bastille	a été prise		le 14 juillet 1789.	**Passiv**

- Nur transitive Verben mit direktem Objekt können ein Passiv bilden. (Ausnahmen: *obéir à qn* und *pardonner à qn.*)
- Das direkte Objekt des Aktivsatzes erscheint im Passivsatz als Subjekt.
- Das Subjekt des Aktivsatzes erscheint im Passivsatz als präpositionale Ergänzung, die den Urheber der Handlung bezeichnet (le complément d'agent), oder es entfällt.
- Das Complément d'agent wird in der Regel mit *par* angeschlossen.

Man unterscheidet also zwei Typen von Passivsätzen:
- den (vollständigen) Passivsatz **mit Nennung des Urhebers:** la phrase passive achevée,
- den (unvollständigen) Passivsatz **ohne Nennung des Urhebers:** la phrase passive non achevée.

150 Vorgangspassiv und Zustandspassiv – Passif-action et passif-état

F/D Im Deutschen kann man ein Vorgangspassiv (mit ‚werden‘) und ein Zustandspassiv (mit ‚sein‘) bilden. Das Französische unterscheidet dagegen formal nicht zwischen diesen beiden Formen.
Bei zahlreichen Verben kann das Passiv daher sowohl einen Vorgang als auch einen Zustand ausdrücken. Um welche Art von Passiv es sich handelt, hängt vom Tempus, von der Bedeutung des Verbs und vom Kontext ab. – Unterscheide:

Le traité de Versailles **fut signé** le 28 juin 1919. Pendant la guerre de 1914–1918, plus de 8 millions d'hommes **ont été tués.**	... **wurde** unterzeichnet. ... **wurden** getötet.	**Vorgang** (Handlung)
Le musée **est/était/sera fermé.** **Aber:** Le musée **est/était** fermé **par le concierge.** A partir du 1er septembre, le musée **est/sera** fermé **à 20 heures.**	... **ist/war** geschlossen, **wird** geschlossen **sein.** ... **wird/wurde** ... geschlossen. ... **wird** ... geschlossen (werden).	**Zustand** **Vorgang** bei • **Angabe des Urhebers** • **Zeitangabe**

- Passivformen im **Présent, Futur simple** und **Imparfait** werden grundsätzlich als **Zustand** aufgefaßt.
- Als **Vorgang** werden sie verstanden, wenn sie durch ein **Complément d'agent** mit *par* oder durch eine **Zeitangabe** näher bestimmt sind.

H Bei einigen Verben wird die präpositionale Ergänzung mit **de** angeschlossen, besonders dann, wenn das Participe passé (wie ein Adjektiv) eher einen **Zustand** als einen Vorgang ausdrückt oder wenn das Verb **in übertragener Bedeutung** gebraucht wird. – Unterscheide also:

La ville **est entourée par** les ennemis.	... **wird** (gerade) von Feinden umzingelt.	**Vorgang**
La ville **est entourée de** remparts.	... **ist** (immer) von Mauern umgeben.	**Zustand**
Le voleur a été **pris par la police.**	... wurde **von der Polizei aufgegriffen.**	**Grundbedeutung**
Les passants ont été **pris de panique.**	... wurden **von Panik ergriffen.**	**übertragen**

Merke:	aimé de qn	beliebt bei	respecté de qn	geachtet von	étonné de qc	erstaunt über
	connu de qn	bekannt bei	décoré de qc	geschmückt mit	suivi de qn	gefolgt von

151 Der Gebrauch des Passivs

Aktiv und Passiv sind nicht ohne weiteres austauschbar. Das Passiv gehört vorwiegend der geschriebenen Sprache an; sein Gebrauch wird von bestimmten Aussageabsichten bestimmt.

1. Der Passivsatz ohne Nennung des Urhebers – La phrase passive non achevée

Hier soir, trois jeunes **ont été blessés** dans un accident de voiture. Ils **ont été transportés** à l'hôpital Saint-Jacques. Le camion qui **avait été volé** mercredi **a été retrouvé.** Les voleurs **ont été arrêtés.**	Der Passivsatz **ohne Nennung** des Urhebers wird verwendet, wenn der **Urheber unwichtig, selbstverständlich** oder **unbekannt** ist.

In der gesprochenen Sprache verwendet man in diesem Fall häufig einen Aktivsatz mit dem neutralen Subjekt *on* oder einem Nomen, das den Urheber ebenfalls unbestimmt läßt:

On a transporté les blessés à l'hôpital Saint-Jacques.
Mercredi, **des inconnus ont volé** un camion. **On/La police a arrêté** les voleurs.

H In Schlagzeilen und Überschriften findet man häufig eine verkürzte Passivkonstruktion, bei der die Hilfsverben fehlen: Deux jeunes Allemands arrêtés à Marseille pour trafic de drogues.

2. Der Passivsatz mit Nennung des Urhebers – La phrase passive achevée

– Qui a construit le château de Versailles? – Le château de Versailles **a été construit par** Louis XIV. Le radium **n'a pas été découvert par** Henri Becquerel, **mais par** Pierre et Marie Curie.	Der Passivsatz **mit Nennung** des Urhebers wird verwendet, wenn der Urheber der Handlung Schwerpunkt der Aussage ist. Dies ist z.B. der Fall in Antworten auf eine Frage mit *qui* (Beispiel 1), bei Gegenüberstellungen oder in Richtigstellungen (Beispiel 2).

Statt des Passivsatzes kann man auch einen Aktivsatz verwenden und den Urheber der Handlung durch *c'est … qui* hervorheben (vgl. **153**):

Ce n'est pas Henri Becquerel qui a découvert le radium, **c'est Pierre et Marie Curie.**

1. Im Französischen muß der Passivsatz ein Subjekt haben. Dem deutschen Passivsatz ohne Subjekt entspricht im Französischen ein Aktivsatz mit neutralem *on* als Subjekt:

   Au Québec, **on parle** français. In Québec **wird** Französisch **gesprochen.**
   En classe, **on** ne **mange** pas. Im Unterricht darf nicht **gegessen werden.**

2. Bei einer Reihe französischer Verben ist in der 3. Person eine Reflexivkonstruktion mit passivischem Sinn möglich. Das Subjekt bezeichnet dabei fast ausschließlich eine Sache. – Beispiele:

   Ce plat **se mange** froid. Le café **se boit** chaud. Cela ne **se dit** pas.
   Français **s'écrit** avec c cédille. Le passif **s'emploie** surtout dans la langue écrite.

Der segmentierte Satz – La phrase segmentée

1. In der gesprochenen Sprache werden häufig Sätze gebildet, deren Form die Gegebenheiten spontaner Rede widerspiegelt. Dazu gehören auch Sätze folgender Art:

   Cette robe, tu **la** mets souvent? (statt: Tu mets souvent **cette robe**?)
   Elle me plaît beaucoup, **cette robe.** (statt: **Cette robe** me plaît beaucoup.)

   Die Eigenart dieser Sätze besteht darin, daß ein Satzglied (hier *cette robe*) aus dem Satz herausgehoben, ihm voran- oder nachgestellt und innerhalb des Satzes durch ein Personalpronomen gleicher Funktion noch einmal ausgedrückt wird (*cette robe* [Subjekt] + *elle; cette robe* [direktes Objekt] + *la*).
   Durch Voran- oder Nachstellung wird dem Hörer verdeutlicht, daß das herausgehobene Satzglied das Thema der Mitteilung ist, über das etwas ausgesagt wird.
   Man nennt diese Konstruktion **Satzsegmentierung** und diese Art von Sätzen **segmentierte Sätze.**

Beachte:

	Satzrahmen		
François,	je ne **lui** ai rien dit. Je ne **lui** ai rien promis,	**à Nadine.**	• Bei **Voran**stellung eines **indirekten** Objekts entfällt die Präposition *à* bzw. *de*.
Cette affaire,	on n' **y** pense plus. On n' **y** croit pas/plus,	**à cette histoire.**	
Dans le Midi,	On **y** va souvent, on **y** est allés deux fois.	**en Bretagne.**	• Bei **Voran**stellung einer **adverbialen Bestimmung** kann die Präposition entfallen.

Satzsegmentierung kommt auch im Fragesatz vor, besonders bei der Intonationsfrage und der Frage mit nachgestelltem Fragewort. – Beispiele:

Elle est partie, **ta sœur? Ton correspondant, il** arrive quand?

2. Die **verbundenen Personalpronomen** können nicht aus dem Satzrahmen herausgenommen werden.

Toi,	on **te** connaît.		• Außerhalb des Satzrahmens werden die verbundenen Personalpronomen durch die entsprechenden **unverbundenen** Personalpronomen vertreten.
	Tu es une paresseuse,	**toi.**	
Moi,	**je** n'inviterais pas les Junot.		
	Je ne peux pas **le** supporter,	**lui.**	• Nach *lui* und *eux* können die **Subjekt-pronomen** *il* und *ils* entfallen.
Lui,	(il) est insupportable.		
	Une soirée avec eux, **ce** n'est pas drôle,	**ça.**	• Für *ce* steht *ça.*
Nous,	**on** ne connaît pas ces gens-là.		• Für *on* steht *nous.*

153 Die Hervorhebung einzelner Satzglieder durch « c'est … qui/c'est … que » – La mise en relief

F/D Zur Hervorhebung von Satzteilen, die man in der Mitteilung als besonders wichtig ansieht, bedienen sich das Französische und das Deutsche unterschiedlicher Mittel.

Vergleiche:	Jean wohnt in Paris.	Jean habite à Paris.
	Jean wohnt in Paris./In Paris wohnt **Jean.**	**C'est Jean qui** habite à Paris.
	Jean wohnt **in Paris./In Paris** wohnt Jean.	**C'est à Paris que** Jean habite.

Im **Deutschen** kann man – in gesprochener Sprache – jedes Wort des Satzes durch bloße Betonung hervorheben.

Im **Französischen** liegt der Schwerpunkt der Aussage in der Regel auf dem Satzglied, das am Ende des Satzes steht.
Wenn ein anderes Satzglied hervorgehoben werden soll, bedient man sich meist der Hervorhebungselemente *c'est … qui* bzw. *c'est … que.* – Beispiele:

	Element:	**Satzglied:**
D'accord. Aujourd'hui, **c'est moi qui** fais la vaisselle. Mais la prochaine fois, **c'est vous qui** la ferez.	c'est … qui	**Subjekt**
C'est un pantalon que tu vas mettre? Réponds. **C'est à toi que** je parle.	c'est … que	**Direktes Objekt** **Indirektes Objekt**
Alors, vous allez au cinéma? – Non, **c'est demain qu'**on y va. Voilà. On est arrivés. **C'est là que** nous habitons.	c'est … que	**Adverbiale Bestimmung**

⚠ Bei der Hervorhebung des Subjekts durch *c'est … qui* richtet sich das Verb in Person und Numerus nach dem hervorgehobenen Personalpronomen bzw. Nomen:

– C'est **vous** qui **avez** invité les Laporte? — Habt ihr (betont) … eingeladen?
– Oui, c'est **moi** qui leur **ai** dit de passer. — Ja, ich (betont) habe ihnen gesagt …

Zum Gebrauch von *c'est/ce sont* vor Personalpronomen im Plural vgl. **65** H.

Kapitel 12: Der komplexe Satz – La phrase complexe

4 Einfacher Satz und komplexer Satz
La phrase simple et la phrase complexe

Der **einfache Aussagesatz** besteht aus einer Nominalgruppe oder einem Pronomen in **Subjekt**funktion und einer Verbalgruppe als **Prädikat** (vgl. **129**).
Wird der einfache Satz durch einen anderen Satz erweitert, so entsteht ein **komplexer Satz.**
Der komplexe Satz besteht also aus mehreren **Teilsätzen** (propositions), die miteinander verbunden sein können

- in einer **Satzreihe** oder
- in einem **Satzgefüge.**

			Art der Verknüpfung
Martine est à la cuisine; Elle est très occupée:		elle prépare le dîner. elle attend des invités; ceux-ci arriveront à 7 heures.	1. **Satzreihe:** a) **unverbundene Reihung** (juxtaposition);
Martine est à la cuisine Elle est très occupée,	**et** **car**	elle prépare le dîner. elle attend des invités.	b) **nebenordnende Reihung** (coordination).
Comme Martine attend des invités,	elle est très occupée. Elle espère	**que** le dîner sera prêt à 7 heures 30.	2. **Satzgefüge:** **unterordnende Verknüpfung** von **Hauptsatz** und **Gliedsatz** (subordination).
Untergeordneter Satz (la subordonnée)	**Hauptsatz** (la principale)	**Untergeordneter Satz** (la subordonnée)	

Nebenordnende Satzverknüpfungen – La coordination

5 Nebenordnende Konjunktionen

Pierre est dynamique **et** il a la volonté de réussir.	et	und
Il veut travailler dans une banque **ou (bien)** il cherchera un emploi dans l'industrie.	ou (bien)	oder (aber)
Il sait ce qu'il veut et il **n'**admet **ni** qu'on l'encourage **ni** même qu'on lui donne un conseil.	ne … ni … ni	weder … noch (vgl. **144** H)
Ou il restera à Paris, **ou** il ira en Alsace.	ou … ou	entweder … oder
Charles a quitté son village, **car** il ne pouvait plus supporter la vie à la ferme.	car	denn
Il vit maintenant dans une grande ville, **mais** il n'est pas content.	mais	aber, jedoch

156 Nebenordnende Adverbien und adverbiale Ausdrücke

Nebenordnende Adverbien können Verbindungen sowohl innerhalb eines komplexen Satzes als auch zwischen formal selbständigen Sätzen herstellen.

1. Begründende und folgernde Verknüpfungen

Ralf avait des problèmes au collège;		
en effet, il n'était pas bon en français.	en effet	nämlich, denn
C'est pourquoi il a fait un échange avec Didier Vidal.	c'est pourquoi	daher, deshalb
Il a **donc** passé le mois d'août en Provence:	donc	also
ainsi, il a vu la Méditerranée et la côte d'Azur.	ainsi	so, auf diese Weise, folglich

2. Entgegensetzende und einräumende Verknüpfungen

Dans une lettre:		
Il ne fait pas très beau, **mais** cela ne fait rien:	mais	aber
je m'amuse bien **quand même,/**	quand même	dennoch, trotzdem
pourtant, malgré le mauvais temps.	pourtant	dennoch, trotzdem
Didier, **par contre,** est sans arrêt de mauvaise humeur.	par contre	hingegen, dagegen
Cependant, nous nous entendons bien.	cependant	jedoch, dennoch

Unterordnende Satzverknüpfungen – La subordination

157 Subjekt- und Objektsätze – Les complétives

1. Subjekt- und Objektsätze sind Gliedsätze, die im Satz die Funktion des Subjekts oder des Objekts haben. – Unterscheide:

Ce voyage est prévu depuis longtemps.	**Diese Reise** ist … vorgesehen.	**Subjekt**
Il est prévu **que nous ferons ce voyage.**	Es ist vorgesehen, } **daß wir … machen.**	**Subjektsatz**
Il est nécessaire **que nous fassions ce voyage.**	Es ist notwendig, } **daß wir … machen.**	**Subjektsatz**
Il a reconnu **son erreur.**	Er hat **seinen Irrtum** zugegeben.	**Objekt**
Il a reconnu **qu'il s'est trompé.**	Er hat zugegeben, **daß er sich geirrt hat.**	**Objektsatz**

Zum Modus im *que*-Satz vgl. **165–167.**

2. Objektsätze können durch die Konjunktionen *que* und *si* oder durch Fragewörter eingeleitet werden. – Beispiele:

Je ne savais pas	**que**	Laure était en voyage.	… **daß** Laure auf Reisen ist.
Je me demandais	**si**	elle était malade.	… **ob** sie krank sei.
J'aimerais savoir {	**qui**	a téléphoné.	… **wer** angerufen hat.
J'aimerais savoir {	**avec qui**	tu as rendez-vous.	… **mit wem** du dich triffst.
Tu sais {	**pourquoi**	Claire apprend le japonais?	… **warum** Claire Japanisch lernt?
Tu sais {	**depuis quand**	elle prend des leçons?	… **seit wann** sie Unterricht nimmt?

8 Die grammatischen Eigenschaften des Relativsatzes

Relativsätze sind Erweiterungen einer Nominalgruppe oder eines Pronomens. Sie werden ihrem Bezugselement (der Nominalgruppe oder dem Pronomen) durch ein Relativpronomen untergeordnet. – Beispiele:

				Bezugselement
Qui est	**le monsieur**	**qui**	vous a téléphoné ce matin	• **Nomen** (le monsieur)
et		**dont**	vous avez noté l'adresse?	
Est-ce	**quelqu'un**	**que**	vous aimeriez revoir?	• **Pronomen** (quelqu'un)

9 Der Relativsatz mit « qui » und « que »

		Subjekt		
Pendant les vacances,				
j'ai écrit à **Marc,**		**qui**	était en Angleterre,	...der/welcher
à **Brigitte,**		**qui**	travaillait comme serveuse,	...die/welche
et à **mes grands-parents,**		**qui**	faisaient une cure à Vichy.	...die/welche
Voilà **des photos** de la région		**qui**	sont particulièrement jolies.	...die/welche
	dir O			
Voici **une photo**	**que**	**Luc**	a prise le dernier jour.	...das/welches
Les personnes	**que**	**tu**	y vois étaient nos voisins.	...die/welche
Regarde **les grands chapeaux**	**qu'**	**on**	portait là-bas.	...die/welche

- **Qui** und **que** beziehen sich auf Nomen, die **Personen** oder **Sachen** bezeichnen.
- **Qui** ist **Subjekt** des Relativsatzes. Es steht für maskuline und feminine Nomen im Singular und Plural.
- **Que** (vor vokalischem Anlaut *qu'*) ist **direktes Objekt** des Relativsatzes. Es steht ebenfalls für maskuline und feminine Nomen im Singular und Plural.

Qui und *que* kann man nicht verwechseln, wenn man folgendes bedenkt:

- **Qui** ist das **Subjekt** des Relativsatzes: Nach *qui* kann also kein weiteres Subjekt folgen.
- **Que** ist **direktes Objekt** des Relativsatzes: Nach *que* muß also noch das Subjekt folgen.

Zur Angleichung des Participe passé vgl. **89.**

Que steht auch (im Satz mit *être*) für die prädikative Ergänzung:
Visitez ces merveilles d'architecture **que sont** les châteaux de la Loire.

0 Der Relativsatz mit « lequel » und « qui »

1.	Le laboratoire de Pierre et Marie Curie était une baraque en bois.	**Dans cette baraque,**	il n'y avait même pas de chauffage.
	Leur laboratoire était **une baraque** en bois,	**dans laquelle**	il n'y avait même pas de chauffage.

- Das aus *le* und *quel* zusammengesetzte Relativpronomen **lequel** hat die gleichen Formen wie das Interrogativpronomen *lequel* (vgl. **75**).
- Es richtet sich wie dieses in Genus und Numerus nach seinem Bezugselement.
- **Lequel** steht fast nur in Verbindung mit einer Präposition.

2. **Marie Curie**:		**points de repère** (Orientierungspunkte):
• **les trois pays**	**auxquels**	la Pologne appartenait à cette époque
et **les raisons**	**pour lesquelles**	les jeunes Polonais aimaient aller en France;
• **les matières**	**auxquelles**	Marie s'intéressait particulièrement;
• **l'université**	**à laquelle**	elle s'est inscrite;
• **l'homme**	**grâce à qui** (grâce auquel)	} elle a pu rester en France;
• **le savant**	**avec qui** (avec lequel)	} les Curie ont obtenu le prix Nobel;
Aber nur:		
• **les savants**	**parmi lesquels**	Marie Curie était la seule femme
et	**entre lesquels**	il y avait une grande rivalité;
• **l'Académie des Sciences**	**à laquelle/où**	elle a été candidate
et	**dans laquelle/où**	elle n'a pas été acceptée.

- Präposition + **lequel** vertritt Präpositionalgruppen, die **Sachen** bezeichnen.
- Für Präpositionalgruppen, die **Personen** bezeichnen, steht in der Regel Präposition + **qui.**
  (Man kann auch *lequel* statt *qui* verwenden, doch gilt es, wie dt. ‚welches', als schwerfälliger.)
  Aber: In Verbindung mit **parmi** (unter mehreren) und **entre** (zwischen) steht immer **lequel.**
- Statt *dans lequel/laquelle* und *auquel/à laquelle* in der Funktion einer **adverbialen Bestimmung des Ortes** steht auch **où.**

⚠ *Lequel* kann in Verbindung mit allen Präpositionen stehen.
Die Verwendung der Relativpronomen *duquel / de laquelle* etc. ist allerdings eingeschränkt. (Vgl. **161 A.**)

161 Der Relativsatz mit « dont »

Quand on regarde des photos ...				
1. Voilà **Marc et Claire.**		Je t'ai **parlé**	**d'eux** hier.	parler **de** qn/qc
Voilà **Marc et Claire,**	**dont**	je t'ai **parlé**	hier.	
	von denen	ich dir gestern erzählt habe.		
2. Marc est **un garçon de Lorient.**		**Le père**	**de Marc** est pêcheur.	le père **de** qn
Marc est **un garçon de Lorient**	**dont**	**le père**	est pêcheur.	
	dessen	Vater	Fischer ist.	
3. Claire **est une jeune Belge.**		Marc est très **amoureux**	**d'elle.**	(être) amoureux **de** qn
Claire **est une jeune Belge**	**dont**	Marc est très **amoureux.**		
	in die	Marc ganz verliebt ist.		
4. Nadine a **plusieurs photos.**		**Quelques-unes/Trois**	**de ces photos** } sont très belles.	
Nadine a **plusieurs photos**	**dont**	**quelques-unes/trois**	} sont très belles.	
	von denen	einige/drei sehr schön sind.		

- **Dont** steht im Relativsatz für Ergänzungen und Erweiterungen mit **de.**
  Es hat wie *qui* und *que* nur eine Form.
- **Dont** kann maskuline und feminine Nomen im Singular und im Plural vertreten.
  Die Bezugselemente können Personen oder Sachen bezeichnen.

⚠ 1. **Dont** steht in Verbindung mit **Verben** nur für *de*-Ergänzungen, die die Funktion eines **indirekten Objekts** haben (Beispiel 1).
De-Ergänzungen, die die örtliche **Herkunft** bezeichnen, werden im Relativsatz durch **d'où** vertreten.

Unterscheide also:

La ville **dont il a parlé** est très pittoresque.	parler de qc = indirektes Objekt
La ville **d'où il vient** est très pittoresque.	venir de … = Herkunft, Ortsangaben.

2. Im *dont*-Satz stehen die Satzglieder wie im Aussagesatz. – Beispiel:

Voilà Joël, un Belge	**dont**	**tu**	**connais**	**la sœur.**
ein Belgier,	dessen			Schwester du kennst.
Wörtlich: ein Belgier,	wovon	du		die Schwester kennst.
	dont +	**S** +	**V** +	**Verbergänzung**

Das Nomen, das in dem *dont*-Satz Subjekt oder direktes Objekt ist, steht mit einem Begleiter. Abweichend vom Deutschen kann dies auch, wie in dem Beispiel, der bestimmte Artikel sein.

3. Wenn auf *dont* eine Zahlenangabe folgt, kann der Relativsatz ohne Verb stehen:
Dans ma classe, il y a 30 élèves, **dont 18 filles.** … darunter 18 Mädchen.

Anmerkung: *Dont* kann die *de*-Ergänzung eines Nomens nur dann vertreten, wenn dem Nomen **keine** Präposition vorangeht. – Beispiel:

Le Rhône est **un grand fleuve.**		**La vallée**	**de ce fleuve**	est riche en industries.
Le Rhône est **un grand fleuve,**	**dont**	**la vallée**		est riche en industries.
	dessen	Tal …		

Aber:

Le Rhône est un grand fleuve.	**Dans**	la vallée	**de ce fleuve,**	on cultive la vigne.
Le Rhône est un grand fleuve,	**dans**	la vallée	**duquel**	on cultive la vigne.
	in		dessen Tal …	

2 Der Relativsatz mit « ce qui » und « ce que »

In der Funktion des deutschen neutralen Relativpronomens ‚was' steht im Französischen das neutrale Relativpronomen *ce qui* oder *ce que.* – Beispiele:

Relativsatz	Im Relativsatz steht	Vergleiche: Indirekte Rede
Prenez { **ce qui** vous plaît. Nehmen Sie, (das) **was** Ihnen gefällt. **ce que vous** voulez. (das) **was Sie** wollen.	• **ce qui** als **Subjekt** • **ce que** als **direktes Objekt**	**Dites**-moi { **ce qui** vous plaît. Sagen Sie mir, **was** Ihnen gefällt. **ce que vous** voulez. **was** Sie wollen.

Anmerkung: *Ce qui* und *ce que* stehen auch mit Bezug auf einen ganzen Satz, z. B.

Pierre a eu vingt en dictée, ce qui est sensationnel.
↑ **ce que** je trouve sensationnel.

3 Adverbialsätze – Les circonstancielles

Adverbialsätze sind Gliedsätze, die im Satz die Funktion einer adverbialen Bestimmung haben.

A la mort de son père, il avait cinq ans.	**Adverbiale Bestimmung**
Quand son père est mort, il avait cinq ans.	**Adverbialsatz**
Grand-père va régulièrement à la piscine **malgré ses 80 ans.**	**Adverbiale Bestimmung**
Grand-père va régulièrement à la piscine **bien qu'il ait 80 ans.**	**Adverbialsatz**

- Adverbialsätze werden mit einer Konjunktion eingeleitet.
- Sie können dem Hauptsatz folgen oder ihm vorangehen. – Zum Gebrauch des Modus vgl. **169.**

Kapitel 13: Indikativ und Subjonctif im untergeordneten Satz
L'indicatif et le subjonctif dans la subordonnée

164 Indikativ und Subjonctif – L'indicatif et le subjonctif

Die im untergeordneten Satz verwendeten **Modi** sind der **Indikativ** (einschließlich des Conditionnel) und der **Subjonctif.** – Beispiele:

Il est **certain** que Françoise **viendra.** **Indikativ** (Futur)
Il est **possible** que son frère **vienne** aussi. **Subjonctif**

In der Mehrzahl der Fälle besteht **keine Wahlmöglichkeit** zwischen Indikativ und Subjonctif: Die Modi werden vielmehr durch ein Element des Satzes **automatisch** ausgelöst. – Beispiele:

Je **sais que** Martine n'**est** pas **venue.** Je suis **sûr(e) qu'** elle **est** en voyage.	Je **regrette que** Martine ne **soit** pas **venue.** C'est **dommage qu'** elle **soit** en voyage.
Auslösendes Element → Modus: **Indikativ**	**Auslösendes Element** → Modus: **Subjonctif**

Der **Subjonctif présent** (qu'il vienne, qu'elle soit) und der **Subjonctif passé** (qu'elle soit venue) werden in der gesprochenen und in der geschriebenen Sprache verwendet.
Die übrigen Formen des Subjonctif gehören der gehobenen geschriebenen Sprache an (vgl. Anm. 1).

F/D Der französische Subjonctif darf, was seine Funktion angeht, nicht mit dem deutschen Konjunktiv verwechselt werden. Der deutsche Konjunktiv dient vor allem zur Kennzeichnung indirekter Rede; der französische Subjonctif hat diese Funktion nicht. – Unterscheide:

Il dit qu'il **est** malade. Er sagt, er **sei** krank.
Je regrette qu'il **soit** malade. Es tut mir leid, daß er krank **ist.**

Anmerkungen: 1. Nach einem Subjonctif-Auslöser im Passé simple oder Imparfait steht in gehobener geschriebener und literarischer Sprache im *que*-Satz häufig der Subjonctif imparfait (qu'il vînt, qu'il donnât, qu'il voulût) bzw. das Plus-que-parfait du subjonctif (qu'il fût venu, qu'il eût voulu), allerdings fast nur in der 3. Person. – Beispiele:

Il **défendit** aussi d'une façon absolue qu'on me **laissât** aller au théâtre (Marcel Proust).
Mme Berthaud **attendit** que la bonne (Dienstmädchen) **eût quitté** la salle à manger (Marcel Aymé).

Moderne Autoren verwenden in diesen Fällen jedoch immer häufiger den Subjonctif présent bzw. den Subjonctif passé. – Beispiele:

Il aurait fallu qu'elle lui **cache** cela (statt *cachât* – Jules Romains).
Nous causions (redeten) jusqu'à ce que nous **ayons atteint** les bois (François Mauriac).

2. Im Hauptsatz steht der Subjonctif nur in einigen festen Wendungen, z. B.

Vive la France! (Es lebe Frankreich!) Vive(nt) les vacances!

und in Aufforderungen an die 3. Person, z. B.

Qu'il sorte! (Er soll hinausgehen! Statt: Dites-lui de sortir.)

Der Subjonctif im Gliedsatz mit « que »

5 Der Subjonctif nach Verben und Ausdrücken der Willensäußerung

Jean se plaint de son père:

Comment **voulez**-vous **que** nous **nous entendions** chez nous?
Mon père n'**accepte** pas **que** nous **sortions** le soir.
Il **demande** **que** nous **restions** à la maison.
Il ne **permet** même pas **que** nous **invitions** des copains.
Il **interdit** **que** nous **allions** au ciné.
Moi, je n'**aime** pas **qu'**on me **prenne** pour un enfant.
Je **préférerais** **qu'**on **apprenne** à se respecter.
Ma mère, il est vrai, fait tout pour **empêcher** **que** nous **nous disputions.**

Der Subjonctif steht **automatisch** nach den Verben der **Willensäußerung** (des Wünschens, des Verlangens, des Erlaubens, des Verbietens, des Vorschlagens, des Einverständnisses etc.).
Dazu gehören z. B.

vouloir que	wollen	demander que	(er)fordern, verlangen
aimer que	mögen	exiger que	verlangen
aimer mieux que	lieber mögen	permettre que	erlauben
préférer que	vorziehen, lieber mögen	défendre que	verbieten
avoir envie que	es gern sehen/sich freuen, wenn	interdire que	untersagen
désirer que	} wünschen	empêcher que	verhindern
souhaiter que		proposer que	vorschlagen
attendre que	erwarten, darauf warten	accepter que	akzeptieren

Unterscheide: Dites-lui **qu'** il **vienne** ce soir. — Dire = auffordern + **Subjonctif**
Dites-lui **que** Luc **viendra** ce soir. — Dire = mitteilen + **Indikativ.**

Ein *que*-Satz mit dem Subjonctif steht nach diesen Verben nur, wenn Hauptsatz und *que*-Satz **verschiedene** Subjekte haben.
Ist dies nicht der Fall, steht eine Infinitivkonstruktion. – Unterscheide also:

Mon père n'aime pas que **nous allions** à la discothèque. — Zwei verschiedene Subjekte
Mon père n'aime pas **aller** à la discothèque. — Nur ein Subjekt (Vgl. **101, 4.**)

Zur Konstruktion *dire / demander / permettre / défendre / interdire / proposer à qn de faire qc* vgl. **103, 1.**

6 Der Subjonctif nach Verben und Ausdrücken der Gefühlsäußerung und der wertenden Stellungnahme

L'avis d'une jeune fille:

Je **regrette** **que** mon père **soit** si autoritaire.
J'**ai peur** **qu'**il ne me **comprenne** pas.
Je **suis triste** **qu'**on en **soit arrivé(s)** là.
Je **trouve bien** **que** ma mère **soit** plus compréhensive (verständnisvoll).
Mais je **suis malheureuse** **qu'**elle ne **puisse** rien faire pour m'aider.

Der Subjonctif steht **automatisch** nach den Verben und Ausdrücken der **Gefühlsäußerung** (des Bedauerns, des Befürchtens, des Zweifelns, der (Un)Zufriedenheit, der Verwunderung etc.) – Dazu gehören z. B.

regretter que	bedauern	être content que	zufrieden sein
avoir honte que	sich schämen	être (mal)heureux que	(un)glücklich sein
avoir peur que	Angst haben	être étonné que	erstaunt sein
craindre que	fürchten	être surpris que	überrascht sein
douter que	zweifeln	trouver curieux/bien/ idiot etc. que	seltsam/gut/ blöd(sinnig) finden
être déçu que	enttäuscht sein	(Weitere Adjektive vgl. **167**.)	
être triste que	traurig sein		

H Eine Reihe von Verben des **Denkens und Meinens** drücken in **verneinender** Form ebenfalls einen Zweifel oder eine Befürchtung aus und können dann im *que*-Satz den Subjonctif auslösen. – Beispiele:

Je **ne crois pas** / Je **ne pense pas** / Je **ne suis pas sûr(e)** } que Claire **soit/est** de retour.

Aber nur: Je **crois** / Je **pense** / Je **suis sûr(e)** } que Claire **est** rentrée.

Verben dieser Gruppe sind z. B.

croire, penser	glauben
être sûr, être certain	sicher sein
être d'avis	der Meinung sein
espérer	hoffen

Zu *regretter / craindre / avoir honte / avoir peur de faire qc* vgl. **103**. – Zu *être certain / sûr / content* u. a. *de faire qc* vgl. **47**.

167 Der Subjonctif nach unpersönlichen Ausdrücken

L'avis des parents:

Il faut que les enfants **aient** confiance en nous.
Il est important qu' ils le **sachent.**
Il est malheureux que nous **nous disputions** tout le temps.
Il vaudrait mieux qu' on **s'entende** bien à la maison.
Il est temps qu' on se **mette** à discuter ensemble.
C'est bien dommage qu' on n'en **ait** pas toujours le temps.

Der Subjonctif steht **automatisch** nach einer Reihe von unpersönlichen Ausdrücken, die eine **Willensäußerung**, eine **Gefühlsäußerung** oder eine **wertende Stellungnahme** bezeichnen. Dazu gehören z. B.

il est agréable que	angenehm	il faut que	man muß
il est bon/mauvais que	gut/schlecht	il faudrait que	man müßte
il est curieux que	seltsam	il vaut/vaudrait mieux que	es ist besser
il est faux/juste que	falsch/richtig	c'est une chance que	es ist ein Glück
il est (mal)heureux que	(un)glücklich	c'est une chose curieuse que	es ist seltsam
il est honteux que	schändlich	c'est/il est dommage que	es ist schade
il est important que	wichtig	il est (grand) temps que	es ist (höchste) Zeit
il est intéressant que	interessant		
il est (in)juste que	(un)gerecht	cela m'amuse que	es macht mir Spaß
il est (im)possible que	(un)möglich	cela me surprend/ m'étonne que	es wundert mich
il est logique que	logisch	cela me dérange/ me gêne que	es stört mich
il est normal que	normal	cela/il me plaît que	es gefällt mir
il est surprenant que	überraschend		
il est urgent que	dringend		
il est (in)utile que	nützlich, nutzlos		

Zum Gebrauch von *il* und *ce* vgl. **67, 2 U**. – Verben und Adjektive mit *de* + Infinitiv vgl. **103 B.**

Aber: Nach folgenden unpersönlichen Ausdrücken steht in **bejahender** Form der **Indikativ:**

Il est **clair** que Nicole s'**est** trompée. Il est **évident** } qu'elle **a** fait une faute. Il est **sûr/certain** } Il est **vrai** qu'elle ne s'**est** pas excusée. Il **paraît** qu'elle **est** malheureuse.	il est clair – klar il est évident – offensichtlich il est sûr/certain – sicher/gewiß il est vrai – wahr il paraît – man sagt

Nach *il semble que* (es scheint, daß) und nach *il est exact que* (es stimmt, daß) kann der Subjonctif oder der Indikativ stehen.
Nach *il me semble que* steht in der Regel der Indikativ.

Nach den unpersönlichen Ausdrücken, die den Subjonctif auslösen, kann auch eine **Infinitivkonstruktion** stehen. – Unterscheide:

- **Que-Satz:** Situationsbezogen – mit ausdrücklich genanntem Subjekt:

Il faut **que vous voyiez** ce film.	Sie müssen sich/Ihr müßt euch ... ansehen.
Il serait utile **que Marc lise** ce livre.	Es wäre nützlich, wenn Marc ... läse.
Il est temps **que tu partes.**	Es ist Zeit, daß du gehst.

- **Infinitivkonstruktion:** allgemeine Aussage, je nach Kontext auch situationsbezogen – kein ausdrücklich genanntes Subjekt:

Il faut **voir** ce film.	Ihr müßt/Du mußt/Sie müssen/Man muß etc. ... ansehen.
Il serait utile **de lire** ce livre.	Es wäre nützlich, dieses Buch zu lesen.
Il est temps **de partir.**	Es ist Zeit zu gehen/, daß wir gehen.

8 Der Modus im Relativsatz

In den meisten Relativsätzen steht der Indikativ. Der **Subjonctif** steht in folgenden Fällen:

1. Zum Ausdruck einer gewünschten Eigenschaft des Bezugselements

Unterscheide:

Gewünschte Eigenschaft: Subjonctif	**Tatsächlich vorhandene Eigenschaft: Indikativ**
Nous **cherchons** } un hôtel Il nous **faut** } **qui** ne **soit** pas trop cher.	Nous **connaissons** } un petit hôtel J'ai **découvert** } **qui est** bien et pas cher.
Marc **a besoin de** quelqu'un } **qui** le **comprenne.** **Trouvez**-lui quelqu'un }	Sylvie est une jeune fille **qui** le **comprend** bien.
Avez-vous un pull **qui aille** avec cette jupe? **Y a-t-il** dans le quartier un boulanger **qui fasse** du pain complet (Vollkornbrot)?	Anne **porte** un pull **qui** ne **va** pas avec sa jupe. **Voilà** un boulanger **qui fait** du pain complet.

Der Subjonctif wird im Relativsatz häufig ausgelöst, wenn der übergeordnete Satz ein Verb des Wünschens (z. B. *chercher, il me faut, avoir besoin de, trouver*) enthält oder die Form eines Fragesatzes aufweist.

2. Nach superlativischen Ausdrücken

Le radium est peut-être **la découverte la plus importante qu'**on **ait faite** au début du siècle.

Nach *le seul* steht – wie nach Superlativen – häufig, nach *le premier* und *le dernier* gelegentlich der Subjonctif. – Beispiel:

Marie Curie a été **la première femme qui a eu/qui ait eu** le Prix Nobel
et **la seule qui** l'**ait obtenu/qui** l'**a obtenu** deux fois.

Zu *être le premier / le dernier / le seul à faire qc* vgl. **47,3.**

3. Nach verneinenden oder einschränkenden einleitenden Sätzen. – Unterscheide:

Verneinender einleitender Satz: Subjonctif	**Bejahender einleitender Satz: Indikativ**
Il n'y a pas de pays **où il fasse** toujours du soleil.	Mais **il y a** de nombreux pays **où il fait** chaud en décembre.
Je connais **peu de** Français **qui sachent** parler l'anglais aussi bien que vous.	Je connais **beaucoup de** Français **qui ont** appris l'anglais au collège.

Verneinung und Einschränkung des einleitenden Satzes erfolgen häufig durch Elemente wie

il n'y a pas de + N	ne … rien	ne … pas un seul	peu de.
ne … personne	ne … aucun	ne … pas de	

169 Der Modus im Adverbialsatz

1. Konjunktionen, die den Indikativ auslösen

Quand/Lorsqu'elle **allait** à Paris, Anne s'achetait toujours des disques.	quand/ lorsque + Imparf.	(jedesmal) wenn
Quand/Lorsqu'elle **y est allée** la dernière fois, elle a eu une mauvaise surprise:	quand/ lorsque + P. comp.	als
pendant qu'elle **écoutait** un disque, quelqu'un a volé son sac.	pendant que + Imparf.	während
Elle s'en est rendu compte **au moment où** elle passait à la caisse.	au moment où	in dem Augenblick, als
Après cet incident, elle n'a pas pu rester à Paris **tant qu'**elle voulait.	tant que	solange, wie
Pierre se lève toujours immédiatement **après que** son réveil a sonné.	après que	nachdem
Dès que/Aussitôt que son réveil sonne, il saute du lit.	dès que aussitôt que	sobald
Depuis qu'il habite assez loin du lycée, il a toujours peur de rater son bus.	depuis que	seit(dem)

– **Comme** il pleut, on pourrait aller au cinéma, si tu veux. – Je ne peux pas sortir **parce que** ma mère est malade. Mais **même si** j'avais le temps, je n'aurais pas envie de sortir. **Si** tu m'avais téléphoné plus tôt, j'aurais pu demander à Nadine de t'accompagner. – On ira un autre jour, **puisque** tu ne peux pas.	comme (geht dem Hauptsatz voran) — da parce que (steht meist im Nachsatz) — weil même si — selbst wenn si — wenn, falls puisque — da (ja)/weil
Annick est très bonne en mathématiques, **alors que/ tandis que** son frère n'aime pas cette matière. En plus, il a raté deux interrogations écrites, **de sorte qu'**il **aura** une mauvaise note en maths. **Aber:** Annick travaille régulièrement avec son frère **de sorte qu'**il **puisse** avoir de meilleures notes.	alors que, tandis que — während = wohingegen de sorte que — so daß + **Ind.** = tatsächliche Folge de sorte que — so daß + **Subj.** = beabsichtigte Folge

1. *Après que* kann auch den Subjonctif passé auslösen. Dies ist besonders häufig der Fall, wenn das Verb des Hauptsatzes im Passé composé steht. – Beispiel:

   Nicole **est arrivée** juste **après que** Marc **soit parti.**

2. Werden Adverbialsätze gleicher Art nebengeordnet, so muß die Konjunktion vor jedem Gliedsatz wiederholt werden. Dabei kann die Konjunktion des zweiten Adverbialsatzes durch *que* vertreten werden. – Beispiel:

   Bien que j'aie le temps et **qu'**il fasse soleil, je reste chez moi.
   Obwohl ich Zeit habe und die Sonne scheint, ...

2. Konjunktionen, die den Subjonctif auslösen

M. Lejeune a dit: « Vous ne pouvez pas quitter Paris **sans que** nous **soyons** montés à Montmartre et **avant que** je vous **aie** montré Versailles. » Il nous a conduits au château de Versailles, **bien qu'**il **ait/quoiqu'**il **ait/malgré qu'**il **ait** beaucoup de travail. Il a roulé lentement **pour que/afin que** nous **puissions** tout voir. Nous sommes restés là-bas **jusqu'à ce qu'**il **fasse** nuit, **en attendant que** la ville **soit** illuminée. M. Lejeune prendra part à la conférence, **à condition que** le TGV de 7 heures ne **soit** pas complet. **A supposer que** le TGV **soit** complet, il pourrait voyager en avion.	Der **Subjonctif** steht nach sans que — ohne daß avant que — bevor bien que, quoique, malgré que — obwohl/obgleich/obschon pour que, afin que — damit jusqu'à ce que — bis en attendant que — (so lange) bis à condition que — unter der Bedingung, daß à supposer que — angenommen, daß

Adverbialsatz und Infinitivkonstruktion

Ein **Adverbialsatz** mit *pour que, afin que, à condition que* und *sans que* ist nur möglich, wenn Hauptsatz und Gliedsatz **verschiedene** Subjekte haben.
Bei **gleichem** Subjekt steht eine Infinitivkonstruktion mit *pour, afin de, à condition de* oder *sans.*

Unterscheide also:

a) **Verschiedene Subjekte: Adverbialsatz:**

Nous avons roulé très vite	**pour que Jean arrive** à l'heure.	
	afin que Jean arrive à l'heure.	... damit Jean ...
Je vous accompagnerai	**à condition que vous trouviez** quelqu'un pour s'occuper de mes fleurs.	... unter der Bedingung, daß Sie ...
Martine est partie	**sans que les autres** s'en **soient** rendu compte.	... ohne daß die anderen ...

b) **Gleiches Subjekt: Infinitivkonstruktion:**

Nous avons roulé très vite	**pour arriver** à l'heure.	... um ... zu (= damit wir)
	afin d'arriver à l'heure.	
Je vous accompagnerai	**à condition de trouver** quelqu'un pour s'occuper de mes fleurs.	... unter der Bedingung, daß ich ...
Martine est partie	**sans** nous **dire** au revoir.	... ohne ... zu

⚠ Nach *avant que* und *après que* kann auch bei gleichem Subjekt ein Adverbialsatz folgen, jedoch ist eine Infinitivkonstruktion mit *avant de (faire qc)* und *après (avoir fait qc)* geläufiger. – Also:

Après avoir raté son bac, **Pierre** a cherché du travail.
Après que Pierre ait raté son bac, **son père** lui a dit de chercher du travail.

Avant de trouver un emploi, **Pierre** a passé son permis de conduire.
Avant que Pierre ait trouvé un emploi, **son père** lui a dit de passer son permis de conduire.

170 Das konditionale Satzgefüge mit «si»

1. Das konditionale Satzgefüge besteht aus
   - einem **Gliedsatz,** der eine **Bedingung** enthält (Konditionalsatz) und
   - einem **Hauptsatz,** der eine **Folge** ausdrückt (Folgesatz).

2. Die Bedingung kann in dem konditionalen Satzgefüge unterschiedlich formuliert sein.
   Man unterscheidet grundsätzlich zwei Fälle:
   - Der Konditionalsatz enthält eine Bedingung, deren Erfüllung als **wahrscheinlich** oder **möglich** angesehen wird (Realis). – Beispiele:

Si tu **crois** ça, tu **te trompes.**	Wenn du das glaubst, irrst du dich.
Si tu **as dit** ça, tu **t'es trompé(e).**	Wenn du das gesagt hast, hast du dich geirrt.

   - Der Konditionalsatz enthält eine nur gedachte Bedingung, deren Erfüllung **unwahrscheinlich** oder **unmöglich** ist (Irrealis). – Beispiele:

Si j'**étais** député,	Wenn ich Abgeordneter wäre,
je m'**engagerais** pour la protection de la nature.	würde ich mich ... einsetzen.
Si j'**avais eu** le temps,	Wenn ich Zeit gehabt hätte,
je **serais allé(e)** à la réunion.	wäre ich ... gegangen.

3. Der Konditionalsatz kann dem Hauptsatz vorausgehen oder folgen:
   Si vous croyez cela, vous vous trompez.
   Vous vous trompez, **si vous croyez cela.**

Beim Gebrauch des konditionalen Satzgefüges mit **si** ist folgendes zu beachten:

1. Gliedsatz: Erfüllbare Bedingung	**Hauptsatz: Tatsächliche oder mögliche Folge**
Si tu **es** libre ce soir,	**viens** me voir/on **va** au cinéma/on **ira** au cinéma ensemble.
Si tu **veux,**	je **vais** te **montrer**/je te **montrerai** des photos.
Si tu **as lu** le journal,	tu **dois** être au courant.
Si, demain, tu **as fini** ton livre,	tu me le **prêteras?**/**donne**-le-moi.
Si tu **venais,**	tu me **ferais** un grand plaisir.
Si + Présent **Si + Passé composé**	→ **Présent/Futur/Impératif**
Si + Imparfait	→ **Conditionnel présent**

- Im **si-Satz** steht **kein Futur** und **kein Conditionnel,** auch nicht, wenn sich die Bedingung auf die Zukunft bezieht (z. B. *demain*).

Im **Hauptsatz** entspricht einem dt. Präsens mit futurischer Bedeutung im Französischen in der Regel ein Futur. – Beispiel:

S'il fait beau demain, je **viendrai** ... komme ich.

Zum Gebrauch des Présent in futurischer Bedeutung vgl. **177 A1**.

2. Gliedsatz: Nicht erfüllte Bedingung			**Hauptsatz: Nur gedachte Folge**
Si Serge	**avait**	déjà 18 ans,	il **aurait** le droit de voter.
S' il	**était**	déjà majeur,	il se **serait engagé** politiquement.
Si tu	**avais lu**	les tracts,	tu **connaîtrais** les programmes des partis.
Si vous	**étiez allé(e)s**	à la réunion,	vous **auriez pu** parler aux candidats.
Si + Imparfait **Si + Plus-que-parfait**			→ **Conditionnel présent/Conditionnel passé**

- Im irrealen Bedingungsgefüge stehen
  - im **si-Satz** nur Tempora auf **-ais** (Imparfait oder Plus-que-parfait);
  - im **Hauptsatz** nur Tempora auf **-rais** (Conditionnel présent oder Conditionnel passé).
- Im **si-Satz** steht also grundsätzlich **kein Conditionnel.**

Unterscheide:

1. **Si** Françoise n'**est** pas chez elle, nous passerons chez Luc. — **Wenn** (= Falls) Fr. nicht zu Hause ist: **Konditionalsatz;**
   Quand Françoise **sera** de retour, nous lui téléphonerons. — **Wenn** (= Sobald) Fr. zurück ist: **Temporalsatz.**
2. Annick se demande **si** Gérard **viendra** à sa fête. — **si** = **‚ob'** (indirekter Fragesatz) **mit** Futur;
   Elle ne sera pas contente **s'**il ne **vient** pas. — **si** = **‚wenn'** (Konditionalsatz) **kein** Futur.

Kapitel 14: Gérondif – Participe présent – Adjectif verbal

171 Die Verbformen auf « -ant »

1. Das Französische hat zwei vom Verb abgeleitete Formen auf **-ant:**

• das **Participe présent:**	chantant	mangeant	réfléchissant, etc.
• das **Gérondif:**	en chantant	en mangeant	en réfléchissant, etc.

Die **Ableitungsbasis** der *-ant*-Formen ist – wie beim Imparfait – der Stamm der **1. Person Plural** des **Présent** (vgl. **82,** 1):

nous **finiss**ons (en) **finissant**	nous **mange**ons (en) **mangeant**	nous **pay**ons (en) **payant**	nous **fais**ons (en) **faisant**

⚠ Das Gérondif wird immer mit **en** eingeleitet.

Sonderformen haben nur folgende drei Verben:

être (en) **étant** (vgl. nous **ét**ions)	avoir (en) **ayant** (vgl. que nous **ay**ons)	savoir (en) **sachant** (vgl. que nous **sach**ions)

2. Mit Hilfe des Participe présent und des Gérondif kann man **Informationen raffen** und **Satzkonstruktionen verkürzen.**
So kann z. B. ein untergeordneter Satz mit konjugiertem Verb vermieden werden. – Beispiele:

On cherche une secrétaire { **parlant l'italien.** / qui parle l'italien.		• **Participe présent** in der Funktion eines **Relativsatzes,**
En cherchant bien, / Si vous cherchez bien, }	vous trouverez ce qu'il vous faut.	• **Gérondif** in der Funktion eines **Adverbialsatzes.**

Participe présent und Gérondif sind beide **unveränderliche** Verbformen.
Das **Gérondif** wird in der **gesprochenen und** in der **geschriebenen** Sprache verwendet.
Das **Participe présent** gehört fast ausschließlich der **geschriebenen** Sprache an.

3. Zu einigen Verben gibt es außerdem ein **Adjektiv** auf **-ant.**
Man nennt es **Verbaladjektiv** (adjectif verbal). – Beispiele:

un livre **intéressant** une histoire **intéressante**	des résultats **surprenants** des nouvelles **encourageantes**	un film **amusant** une chose **étonnante**

Dieses Verbaladjektiv ist – wie alle Adjektive – **veränderlich.**

H Da nicht alle Verben ein solches Adjektiv bilden können, sind die Verbaladjektive im Wörterbuch gesondert aufgeführt.

Beachte: Diese drei Formen auf *-ant* sind sich zwar formal gleich, sie unterscheiden sich jedoch wesentlich in ihren Funktionen im Satz.

2 Funktion und Gebrauch des Gérondif

Das Gérondif wird gebraucht

- in der Funktion eines **Adverbialsatzes** (vgl. **163**):

  J'ai vu Pierre **en sortant** de la gare (= quand je suis sorti(e) de la gare.)
- in der Funktion eines **Adverbs** oder einer **adverbialen Bestimmung:**

  Il a traversé la rue **en courant** (= rapidement / à toute vitesse).

Das Gérondif kann nur für Adverbialsätze stehen, die das **gleiche Subjekt** wie der Hauptsatz haben. – Beispiel:

Quand je suis parti(e), j'ai rencontré Pierre.
En partant, j'ai rencontré Pierre.
Aber nur: **Quand je** suis parti(e), **il** était environ 5 heures.

Das Gérondif kann folgende **Bedeutungen** haben:

1. Temporale Bedeutung

En arrivant à la gare, / **Quand il arrive** à la gare, } Jean **rencontre** Claire.	**Bei** seiner Ankunft ... trifft Jean ... / **Als** Jean ... ankommt, trifft er ...
En attendant le train, / **Pendant qu'ils attendent** le train, } ils se **racontent** des blagues (Witze).	**Beim** Warten auf den Zug ... / **Während** sie ... warten, erzählen sie ...
Un serveur **passe** avec sa petite voiture { **en criant:** «Sandwichs! Sandwichs!» / **et crie en même temps:** «Sandwichs! Sandwichs!»	Ein Kellner geht ... vorbei **und** ruft (dabei): «Belegte Brötchen! ...»

Das Gérondif drückt die **Gleichzeitigkeit** zweier Ereignisse aus.
Es kann also für einen **Temporalsatz** mit *quand* oder *pendant que* stehen sowie für einen mit *et* **nebengeordneten Satz**.

H› Die Gleichzeitigkeit zweier Ereignisse kann betont werden, indem dem Gérondif das Adverb *tout* vorangestellt wird.

Beaucoup de fils de paysans ont quitté leur village, **tout en sachant** que la vie en ville ne serait pas facile. — ... und wußten (dabei) sehr wohl/ obwohl sie wußten, daß ...

Dabei erhält die Gérondif-Konstruktion oft konzessive (einräumende) Bedeutung.

2. Konditionale Bedeutung

En prenant le TGV, / **Si vous prenez** le TGV, } vous serez à Paris dans deux heures.	**Falls/Wenn** Sie den TGV nehmen, sind Sie in 2 Stunden in Paris.
Vous mettriez quatre heures { **en prenant** la voiture. / **si vous preniez** la voiture.	Sie würden 4 Stunden brauchen, **wenn** Sie mit dem Auto führen.

Das Gérondif drückt eine **Bedingung** oder eine **Möglichkeit** aus.
Es kann also für einen **Konditionalsatz** mit *si* stehen.

3. Modale Bedeutung

En ne **mangeant** plus de sucre, Anne **a maigri** de 5 kilos.		**Dadurch, daß/Indem** sie
Anne ne **mange** plus de sucre: **ainsi** elle **a maigri** de 5 kilos.		keinen Zucker mehr ißt, …
Anne **a trouvé** un travail { **en lisant**	les petites annonces.	… **dadurch, daß** sie … gelesen hat/
de la façon suivante:		**durch die Lektüre** der
elle a lu	les petites annonces.	Zeitungsanzeigen.
Voilà Anne: elle rentre **en chantant.**		Sie kommt **singend** heim.

Das Gérondif bezeichnet das **Mittel** oder die **Art und Weise** eines Geschehens.

Beachte:

1. Wie der Adverbialsatz, den es vertritt, kann das Gérondif dem Hauptsatz vorangehen oder ihm folgen.
   Beispiel:

En sortant de la gare, / **Quand je suis sorti(e)** de la gare, } j'ai rencontré Pierre.

J'ai rencontré Pierre { **en sortant de la gare.** / **quand je suis sorti(e) de la gare.**

2. Das Gérondif ist **zeitlich neutral,** d. h. es kann in Verbindung mit Verben in allen Tempora stehen.
   Beispiel:

En écrivant trop vite, → **tu as fait** des fautes. / **tu fais** des fautes. / **tu feras** des fautes.

3. Das Gérondif kann nominale und pronominale Ergänzungen bei sich haben.
   Beispiel:

En attendant Marc, Mireille a observé les passants.
En les observant, elle s'est drôlement amusée.

173 Gebrauch und Stellung der Pronomen beim Gérondif

1. – Tu as			expliqué les problèmes à Nicole?
– Oui. Mais **en**	**les lui**		**expliquant,** je me suis mis en colère.
– Au fait, vous			êtes allés à la réunion?
– Oui. Et **en**	**y**		**allant,** on a vu un terrible accident.

2. **Mme Bardagot** m'a fait entrer	**en**	**s'**	**excusant.**
J'ai attendu l'arrivée de M. Bardagot	**en**	**me**	**posant** des questions.
Nous avons discuté pendant des heures	**en**	**nous**	**parlant** ouvertement.
On a discuté pendant des heures	**en**	**se**	**parlant** ouvertement.

1. Beim Gérondif stehen die Objektpronomen und die Adverbialpronomen zwischen *en* und der Verbform auf *-ant.*
2. Beim Gérondif eines reflexiven Verbs steht das Reflexivpronomen, das dem Subjekt des Satzes entspricht.
   Mit Bezug auf *on* (= *nous*) steht *se.*

4 Funktion und Gebrauch des Participe présent

Das Participe présent steht

- in **attributiver** Funktion. Es vertritt dann einen **Relativsatz** mit **qui**:

Annick Le Goff, **habitant Brest,** Annick Le Goff, **qui habite Brest,**	**cherche** une correspondante allemande.
Ulrike Schön, **désirant faire un échange,** Ulrike Schön, **qui désire faire un échange,**	**a répondu** à l'annonce d'Annick.

- in **adverbialer** Funktion. Es vertritt dann einen **Kausalsatz** mit **parce que** oder mit **comme**:

Annick **a pris** allemand en deuxième langue,	ne **voulant** pas faire de l'espagnol. **parce qu'elle** ne **voulait** pas faire de l'espagnol.
Ne **parlant** pas **bien** l'allemand, **Comme elle** ne **parle** pas **bien** l'allemand,	elle **voudrait** améliorer ses connaissances.

Das Participe présent ist – wie das Gérondif – **zeitlich neutral** (vgl. **172, B** 2).

Zum Ausdruck der **Vorzeitigkeit** steht *ayant/étant* + Participe passé. – Beispiele:

Ulrike, **qui** n'**a** jamais **vu** l'Atlantique,
Ulrike, n'**ayant** jamais **vu** l'Atlantique,
} **ira** en Bretagne au mois d'août.

Beim Gebrauch der Partizipialkonstruktion ist folgendes zu beachten:

1. **Annick Le Goff, habitant Brest,** cherche une correspondante.
   Elle cherche **une correspondante parlant allemand.**

   Annick a vu **Patrick sortant** du lycée. … **der** gerade/als **er** aus der Schule herauskam.

   Aber:

   Annick a vu Patrick **en sortant** du lycée. … als **sie** aus der Schule herauskam.

2. Désirant faire un échange,
Comme **elle** désirait faire un échange, } **Ulrike** a répondu à l'annonce d'Annick.

1. Das **attributiv** gebrauchte Participe présent, das also einen **Relativsatz** vertritt, bezieht sich auf das Satzglied, das ihm unmittelbar vorangeht (z. B. das Subjekt oder das Objekt). Das **Gérondif** hingegen bezieht sich auf das Subjekt (vgl. **172**).
2. Das **adverbial** gebrauchte Participe présent, das also einen **Kausalsatz** vertritt, hat in der Regel das gleiche Subjekt wie der Hauptsatz.

Anmerkung: In gehobener geschriebener Sprache wird das Participe présent auch mit **eigenem** Subjekt konstruiert:

La France étant
Comme **la France** était
} la première nation culturelle d'Europe au XVIIIe siècle, **on** trouvait partout des savants français.

Man nennt diese Verwendungsart **absolute Partizipialkonstruktion.**

175 Participe présent und Adjectif verbal

1. Das Verbaladjektiv unterscheidet sich vom Participe présent wie folgt:

Participe présent	Adjectif verbal
des livres **intéressant** **les jeunes** = des livres **qui intéressent** **les jeunes** une histoire **amusant surtout les enfants**	des livres **intéressants** = des livres { **qui sont/** **que je trouve intéressants** une histoire **très amusante**
• Das **Participe présent** ist eine **unveränderliche Verbform.** • Es hat **stets** eine **Ergänzung** bei sich (Objekt, adv. Bestimmung). • Das Participe présent bezeichnet in der Regel einen **Vorgang** oder eine **vorübergehende Eigenschaft.**	• Das **Adjectif verbal** ist ein **Adjektiv** und somit in Genus und Numerus **veränderlich.** • Es kann attributiv und prädikativ gebraucht werden und hat **keine Ergänzung** (Objekt, adv. Bestimmung) bei sich. • Das Adjectif verbal bezeichnet in der Regel einen **Zustand** oder eine **dauernde Eigenschaft** und kann durch ein Gradadverb näher bestimmt werden.

2. Während alle Verben ein Participe présent bilden können, haben nur bestimmte Verben ein Adjectif verbal. Häufig gebrauchte Verbaladjektive sind z. B.

amusant,e	lustig	croyant,e	gläubig	satisfaisant,e	befriedigend
brillant,e	glänzend	encourageant,e	ermutigend	suivant,e	folgend
charmant,e	bezaubernd	étonnant,e	erstaunlich	surprenant,e	überraschend
courant,e	geläufig	impressionnant,e	beeindruckend	vivant,e	lebendig

Anmerkungen: 1. Bei einigen Verben haben Participe présent und Adjectif verbal verschiedene Formen. – Beispiele:

Participe présent:	**Verb:**	**Adjectif verbal:**	
le jour précéd**ant** son départ	précéder	la nuit précéd**ente**	vorhergehend
une lumière fati**gu**ant les yeux	fatiguer	une journée fati**g**ante	anstrengend
une secrétaire **sachant** le russe	savoir	une femme **savante**	gelehrt
une voiture **pouvant** faire du 200 à l'heure	pouvoir	une voiture **puissante**	stark

2. Bei einigen Verben hat das Adjectif verbal eine besondere Bedeutung: – Beispiele:

courir:	de l'eau courante	fließendes Wasser
danser:	une soirée dansante	Tanzabend
passer:	une rue passante	verkehrsreiche Straße
rouler:	un fauteuil roulant	Rollstuhl
	des escaliers roulants	Rolltreppen

F/D Wenn das deutsche Partizip I einen Vorgang ausdrückt, entspricht ihm im Französischen häufig ein Relativsatz:

Auf der Straße sind / waren **spielende** Kinder.

= Dans la rue, il y a / il y avait des enfants **qui jouent.** / **qui jouaient.**

Kapitel 15: Der Gebrauch der Tempora
L'emploi des temps du verbe

6 Tempora und Zeitbezug

1. Die Tempora (Sg.: das Tempus), d. h. die grammatischen Zeitformen des Verbs, entsprechen nicht unmittelbar der Zeit, wie sie nach Stunden, Tagen oder Jahren gemessen wird. Sie setzen vielmehr das durch die Verben ausgedrückte Geschehen in ein **zeitliches Verhältnis** zum Augenblick des Sprechens (oder Schreibens), dem **Sprechzeitpunkt.**
   Beispiel:

Sprechzeitpunkt
(Gegenwart)

	Il y a deux jours, Luc **a eu** son bulletin de notes. Il n' **était** pas content.	Maintenant, c' **est** la fin de l'année scolaire.	Pendant les vacances, il **oubliera** certainement ses mauvaises notes.
Tempora	**Passé composé/ Imparfait**	**Présent**	**Futur simple**
Beziehung zum Sprechzeitpunkt	**vorzeitig** ←	**gleichzeitig**	→ **nachzeitig**
Zeitstufen	**Vergangenheit**	**Gegenwart**	**Zukunft**

- Die Tempora drücken aus, in welcher zeitlichen Beziehung die Geschehnisse **zum Sprechzeitpunkt** stehen: ob sie **vorzeitig, gleichzeitig** oder **nachzeitig** sind.
- Durch die Tempora werden die Geschehnisse den drei Zeitstufen **Vergangenheit, Gegenwart** und **Zukunft** zugeordnet.
- Die zeitliche Situierung in bezug auf den Sprechzeitpunkt kann zusätzlich durch **Zeitangaben** präzisiert werden, z. B.

  Il y a deux jours,
  Avant-hier,
  La semaine dernière, } Luc a eu son bulletin de notes.

  Maintenant,
  Depuis vendredi, } c'est la fin de l'année scolaire.

  Pendant les vacances,
  Quand il sera en Bretagne, } il oubliera certainement ses mauvaises notes.

2. Außer dem Sprechzeitpunkt können auch Geschehnisse der Vergangenheit oder der Zukunft zeitlicher Bezugspunkt für weitere Geschehnisse sein. – Beispiele:

Zeitlicher Bezugspunkt Vergangenheit	**Zeitlicher Bezugspunkt Zukunft**
Quand je **suis allé(e)** chez Luc,	Nous **ferons** une excursion en bicyclette,
Vorzeitig ↓	**Vorzeitig** ↓
il **était** déjà **parti.**	dès qu'il **aura acheté** un nouveau vélo.

Das **Plus-que-parfait** bezeichnet die Vorzeitigkeit zu einem Geschehen in der Vergangenheit.
Das **Futur antérieur** bezeichnet die Vorzeitigkeit zu einem Geschehen in der Zukunft.

Zum Gebrauch dieser Tempora vgl. auch **185** + **179**.

Die Tempora der Gegenwart und der Zukunft

177 Das Présent

Das Présent ist in erster Linie das Tempus, das die Geschehnisse als gleichzeitig zum Sprechzeitpunkt darstellt.
Der Gebrauch des Présent entspricht meist dem des deutschen Präsens.

– Qu'est-ce que tu **fais en ce moment?** – Je **lis** le journal. – Qu'est-ce qu'on **mange aujourd'hui**? – Du rôti de bœuf.	Das **Présent** bezeichnet • den Sprechzeitpunkt bzw. die Zeitstufe der Gegenwart.
Françoise **lit toujours** le journal après le déjeuner. **Tous les jours,** elle se **repose** pendant 20 minutes. Le tabac **est** très mauvais pour la santé. L'appétit **vient** en mangeant. Deux et deux **font** quatre.	• Geschehnisse, die als zeitlos dargestellt werden, z. B. – Gewohnheiten, – allgemeingültige Aussagen.

Die jeweilige Bedeutung des Présent ergibt sich aus dem Kontext.
Der **Sprechzeitpunkt** wird häufig zusätzlich gekennzeichnet durch adverbiale Ausdrücke wie
en ce moment, maintenant, aujourd'hui.

Adverbiale Ausdrücke, die die **Gewohnheit** bezeichnen, sind z. B.
toujours, souvent, tous les jours, chaque soir, d'habitude, généralement.

Anmerkungen: 1. Das Présent kann gelegentlich auch in die **Zukunft** hineinreichen.
Es steht in dieser Bedeutung aber nur, wenn ein zukünftiges Geschehen als fest geplant oder sicher gilt (vgl. **178** (F/D)).

Die futurische Bedeutung des Présent erkennt man an adverbialen Ausdrücken wie *demain, dimanche prochain, ce soir* u. a. – Beispiel:

Je **pars demain matin.** A midi, je **rencontre** Yves et je **rentre demain soir.**
Martine, tu es prête? – Oui, j'**arrive dans deux minutes.**

2. Auch die **Vergangenheit** kann durch das Présent bezeichnet werden, und zwar, ähnlich wie im Deutschen, bei lebhafter Schilderung. – Beispiel:

Figure-toi: **hier, j'arrive** à la gare. Devine qui je **rencontre:** ton frère.

Diese Verwendungsart erkennt man an der Zeitangabe (z. B. *hier*), die das Présent der Vergangenheit zuweist.

3. Von dieser Verwendung des Présent ist das **Présent historique** zu unterscheiden, welches eine stilistische Variante des Passé simple darstellt. – Beispiel:

Quelques jours après la prise de Berlin, le *Reich* **capitule** définitivement à Reims (7 mai 1945). Le Japon **reste** seul en guerre. (...) Il **doit** abandonner une à une toutes ses conquêtes. (Dictionnaire Quillet-Flammarion, Paris 1959.)

Zum Gebrauch des Présent im Konditionalsatz mit *si* vgl. **170.**

8 Das Futur simple und das Futur composé

1. Das Französische hat zwei Tempora zum Ausdruck künftigen Geschehens:
   - das **Futur simple:** Pierre **viendra.**
   - das **Futur composé:** Pierre **va venir.**

   Beide Tempora kommen in der gesprochenen und in der geschriebenen Sprache vor, doch wird in der geschriebenen Sprache das Futur simple bevorzugt.

2. Das Futur simple und das Futur composé sind in vielen Fällen austauschbar. In bestimmten Fällen steht jedoch nur die eine oder die andere Form.

Attendez une minute. Elle **va arriver.** Attention, tu **vas tomber!** Je **vais** leur **téléphoner tout de suite.** **Maintenant**, ils **vont comprendre.**	• Das **Futur composé** steht, wenn die Zukunft in unmittelbarem Anschluß an die Gegenwart gesehen wird. Dies ist z. B. oft der Fall in Verbindung mit *tout de suite* und *maintenant.*
Tu viendras **quand** tu **voudras.** Téléphone-moi **quand** tu **seras** de retour. **Si** vous n'avez pas le temps, on **se verra** un autre jour. **Un jour,** tu **comprendras** ma réaction. M. Leroux **restera toujours** à Paris. Il **ne quittera jamais** la capitale.	• Das **Futur simple** steht, wenn die nahe oder ferne Zukunft eher losgelöst von der Gegenwart gesehen wird. Dies ist besonders der Fall – im *quand*-Satz, – im Hauptsatz des realen Bedingungsgefüges, – häufig in Verbindung mit Adverbien wie *un jour, toujours* oder *ne ... jamais.*

In Aussagen, die in die Zukunft weisen, verwendet das Deutsche meist Präsensformen. Im Französischen stehen zukünftige Geschehnisse im Futur. – Vergleiche:

J'espère qu'il ne **pleuvra** pas **demain.**	Hoffentlich **regnet** es **morgen** nicht.
Au quatrième top, il **sera** exactement 10 heures, 15 minutes et 30 secondes.	Beim vierten Ton des Zeitzeichens **ist** es genau 10 Uhr, 15 Minuten und 30 Sekunden.

Zum gelegentlichen Gebrauch des Présent mit Bezug auf zukünftige Geschehnisse vgl. **177 A** 1.

3. Das Futur simple hat auch modale Funktion.

Tu **finiras** d'abord tes devoirs. Pour demain, vous **apprendrez** les mots nouveaux.	Als **Modalform** steht das Futur simple • in Befehlen, Anordnungen und Anweisungen (statt des Imperativs);
Vous me **permettrez** une remarque (Bemerkung). Vous **prendrez** bien une tasse de thé?	• in höflichen Bitten und Fragen (statt des Présent).

Anmerkung: In historischen Texten (Passé simple) kann das Futur simple verwendet werden, um Ereignisse vorweg einzublenden, die lange nach dem gerade berichteten Geschehen stattgefunden haben. – Beispiele:

En 486, les Francs **devinrent** maîtres du pays et **choisirent** Paris comme capitale.
Cette décision **fera,** au cours des siècles, d'une ville toute simple et tout insignifiante, un centre politique de tout premier ordre et l'histoire de Paris **deviendra** de plus en plus l'histoire de la France.
C'est d'ici que les rois **firent** la guerre aux provinces trop indépendantes ...

Das Futur simple zeigt an, daß der Autor die Erzählperspektive gewechselt hat.

179 Das Futur antérieur

Il est 9 heures. A 11 heures, le maire **aura lu** son courrier (Post). Quand il **aura terminé** son travail, il **recevra** les journalistes.
Das Futur antérieur wird verwendet, wenn ein zukünftiges Geschehen • vor einem zukünftigen Zeitpunkt *(11 heures)* oder • vor einem anderen zukünftigen Geschehen *(il recevra les journalistes)* als abgeschlossen betrachtet wird.

⚠ Wenn im *quand*-Satz das Futur antérieur steht, kann im Hauptsatz kein Futur composé stehen, sondern nur das Futur simple.

F/D Im Deutschen gebraucht man in Sätzen mit futurischer Bedeutung statt des Futur II normalerweise das Perfekt und statt des Futur I meist das Präsens. – Vergleiche:

Quand il **aura terminé** son travail, le maire **recevra** les journalistes.	Wenn der Bürgermeister seine Arbeit **beendet hat, empfängt** er die Journalisten.

Anmerkung: Wenn der Hauptsatz und der untergeordnete Satz das **gleiche Subjekt** haben, verwendet man besonders in der geschriebenen Sprache statt eines *quand*-Satzes häufig die Konstruktionen *après avoir fait qc* und *avant de faire qc.* – Beispiele:

Après avoir terminé son travail, **le maire recevra** les journalistes.
Avant de recevoir les journalistes, **le maire terminera** son travail. (Vgl. auch **169, 2** H ⚠).

180 Das Conditionnel présent

1. Das Conditionnel présent ist, wie das Futur simple, ein **Tempus,** das die Nachzeitigkeit ausdrückt.
   Unterscheide jedoch:
   - Das **Futur simple** bezeichnet ein von der **Gegenwart** aus gesehenes zukünftiges Geschehen:
     Jean **parle** de ce qu'il **fera** après le bac.
   - Das **Conditionnel présent** bezeichnet ein von der **Vergangenheit** aus gesehenes zukünftiges Geschehen und wird in dieser Funktion auch als ‚futur du passé' bezeichnet.
     Jean **parlait** de ce qu'il **ferait** après le bac.

J'**espérais** toujours qu'il **reviendrait.** Jacques ne **savait** pas que je **partirais** le lendemain. Anne **était** sûre que Pierre **réussirait.** Elle **avait rêvé** qu'un jour, il **serait** directeur d'une grande entreprise.	Das Conditionnel présent steht als ‚Futur du passé' im *que*-Satz nach Verben des Sagens und Denkens, wenn diese in einer Form der Vergangenheit stehen.

Zum Gebrauch der Tempora in der indirekten Rede vgl. **188.**

2. Das Conditionnel présent wird auch **in modaler Bedeutung** verwendet und drückt dann folgende Redeabsichten aus:

Je **voudrais** un litre de lait. M. Larose **aimerait** vous parler. **Pourriez-**vous me traduire cela?	Ich **hätte gern** einen Liter Milch. M. Larose **möchte** Sie sprechen. **Könnten** Sie mir das übersetzen?	• einen zurückhaltend formulierten **Wunsch** oder eine höfliche **Bitte**;
A sa place, je me **tairais.** Je **pourrais** prendre le train, mais je **perdrais** beaucoup de temps.	An seiner Stelle **würde** ich schweigen. Ich **könnte** mit der Bahn fahren, aber ich **würde** viel Zeit **verlieren.**	• eine bloße **Annahme** oder eine in Erwägung gezogene **Möglichkeit**.

Eine in Erwägung gezogene Möglichkeit oder bloße Annahme liegt auch beim Irrealis im konditionalen Satzgefüge vor (vgl. **170**).

Anmerkung: In den Medien dient das Conditionnel häufig zum vorsichtigen Ausdruck einer noch nicht bestätigten Nachricht. – Beispiel:

Un accident de chemin de fer s'est produit hier.
Il y aurait plus de 50 morts ... (Es soll ... gegeben haben.)

81 Das Conditionnel passé

1. Das Conditionnel passé ist, wie das Futur antérieur, ein **Tempus,** das die **Vorzeitigkeit** ausdrückt.

Das Conditionnel passé wird in der **indirekten Rede** für ein Futur antérieur der direkten Rede verwendet, wenn das redeeinleitende Verb in einem Tempus der Vergangenheit steht. Beispiel:

Direkte Rede: Yves a dit: «J' **aiderai** François quand j' **aurai lu** le journal.»
Indirekte Rede: Yves **a dit** qu'il **aiderait** François quand il **aurait lu** le journal.

Nicolas **a dit** qu'il **partirait** **quand** Sandra **serait rentrée/** **dès qu'**il **aurait dîné/** **aussitôt que** Pierre **aurait téléphoné.**	Das Conditionnel passé steht meist in einem Satz mit *quand, dès que* oder *aussitôt que.* Es bezeichnet ein Geschehen, das vor dem im Conditionnel présent ausgedrückten Geschehen als abgeschlossen betrachtet wird.

Zum Gebrauch der Tempora in der indirekten Rede vgl. **188.**

2. Wie das Conditionnel présent wird auch das Conditionnel passé in **modaler Bedeutung** verwendet. Es bezeichnet dann Geschehnisse, die unter bestimmten Bedingungen stattgefunden hätten. Beispiele:

– D'accord. J'**aurais pu** prendre le train, mais j'**aurais perdu** plus de deux heures.	– Ich **hätte** mit der Bahn fahren **können,** aber ich **hätte** mehr als 2 Stunden **verloren.**
– A ta place, je **serais rentré(e)** en taxi.	– ... **wäre** ich mit dem Taxi **nach Hause gefahren.**

In dieser Bedeutung steht das Conditionnel passé auch beim Irrealis im konditionalen Satzgefüge (vgl. **170**).

Die Tempora der Vergangenheit

182 Tempus und Aspekt

Die französischen Tempora der Vergangenheit Passé composé, Passé simple und Imparfait unterscheiden sich in ihrer Verwendung deutlich von den entsprechenden deutschen Zeitformen, dem Perfekt und dem Präteritum. – Beispiel:

A 7 heures, j'**ai regardé** ma montre. Je **me suis levée** et j'**ai regardé** par la fenêtre. **Il neigeait.**	A 7 heures, Anne **regarda** sa montre. Elle **se leva** et **regarda** par la fenêtre. Il **neigeait.**

In diesen Beispielsätzen stehen die Vergangenheitsformen *j'ai regardé* und *je me suis levée* (Passé composé) sowie *elle regarda* und *elle se leva* (Passé simple) jeweils in Opposition zu einer dritten Form: *il neigeait* (Imparfait).
Der Unterschied zwischen Passé composé bzw. Passé simple und Imparfait ist nicht zeitlicher Art: Diese Formen drücken vielmehr zwei unterschiedliche **Sichtweisen** des Geschehens aus.
Diese Sichtweisen nennt man **Aspekt.**

- Das **Passé composé** und das **Passé simple** bezeichnen abgeschlossene Handlungen, die in klar abgrenzbarer Weise nacheinander stattgefunden haben und die der Erzähler in den **zeitlichen Ablauf** seiner Erzählung einordnet: *regarder sa montre – se lever – regarder par la fenêtre.*
  Dabei wird die einzelne Handlung in ihrer **zeitlichen Begrenzung** gesehen, d. h. mit Anfang und Ende: (Anfang) ├────┤ (Ende).
  Mehrere aufeinanderfolgende Handlungen ergeben eine **Handlungskette:** ├───┼───┼───┼───┤
  Sie bilden das **Handlungsgerüst** im Vordergrund der Erzählung.
  (Man kann fragen: „Was geschah? Was geschah dann? Wie ging es weiter?")

- Im **Imparfait** stehen hingegen Geschehnisse, die nicht Bestandteil der Handlungskette sind, sondern parallel dazu stattfinden: *il neigeait.*
  Dabei wird das einzelne Geschehen als im Verlauf begriffen, d. h. **ohne zeitliche Begrenzung** (Anfang/Ende) gesehen.
  Zu den durch das Imparfait ausgedrückten Geschehnissen gehören alle Arten von **Begleitumständen.** (Man kann z. B. fragen: „Was war (schon im Gange)? Warum war das so?" – (Vgl. **184.**) Die Begleitumstände bilden eine Art **Hintergrund** zur Illustration einer einzelnen Handlung oder der Handlungskette.

Das obige Textbeispiel kann man demnach folgendermaßen darstellen:

A 7 heures, j' **ai regardé** ma montre.	Je me **suis levée**	et j'**ai regardé** par la fenêtre.
A 7 heures, Anne **regarda** sa montre.	Elle se **leva**	et **regarda** par la fenêtre.

<.................................... **Il neigeait** ....>

Den französischen Formen des Passé composé, des Passé simple und des Imparfait entsprechen im Deutschen die Zeitformen des Präteritums *(sah, stand auf, es schneite)*. Der Aspektunterschied des Französischen besteht also im Deutschen nicht.
Vor allem in gesprochener Sprache – nicht in geschriebener Erzählung – kann auch im Deutschen das Perfekt *(hat gesehen, ist aufgestanden)* wie das französische Passé composé verwendet werden.

3 Passé composé und Passé simple

Passé composé und Passé simple können gleichermaßen Handlungen bzw. die Handlungskette in einem Text ausdrücken. Sie unterscheiden sich aber im Hinblick auf die **Textsorten,** in denen sie verwendet werden:

- Das **Passé composé** steht in Textsorten, die einen deutlichen Bezug zur Redesituation und zum Hörer/Leser herstellen.
- Das **Passé simple** ist üblich in Textsorten, bei denen der Autor keinen Bezug zur Redesituation und zum Leser herstellt.

Marie Curie raconte à sa fille Irène:	*Dans un livre sur Marie Curie:*
En 1891, je **suis partie** pour Paris, où j'**ai fait** des études de physique et de mathématiques. En 1893, j'**ai passé** mon examen de physique et j'**ai été reçue** première.	En 1891, Marie **partit** pour Paris, où elle **fit** des études de physique et de mathématiques. En 1893, elle **passa** son examen de physique et **fut reçue** première.
• Das **Passé composé** wird in der **gesprochenen** und in der **geschriebenen** Sprache verwendet. • Es wird z. B. in Unterhaltungen, Vorträgen, Briefen, Theaterstücken gebraucht und kommt daher in allen Personen vor.	• Das **Passé simple** gehört der **geschriebenen** Sprache an. • Es wird vor allem in erzählenden Texten gebraucht, z. B. in historischen Darstellungen, im Roman, und kommt deshalb meist in der 3. Person vor.

H

1. Im Unterschied zum Passé simple bezeichnet das Passé composé häufig ein Geschehen der Vergangenheit, das zum Sprechzeitpunkt noch andauert oder dessen Folgen sich noch immer auswirken. – Beispiele:

   Vos date et lieu de naissance? – Je **suis né(e)** à Lyon, le 3 mai 1965.
   Une cigarette? – Non, merci. Je ne fume plus. J'**ai arrêté** de fumer il y a deux mois.
   Sylvie **a passé** son permis de conduire l'année dernière.

2. Zum Ausdruck einer unmittelbaren Vergangenheit wird häufig das sog. Passé récent verwendet. Beispiel:

   Est-ce que Joël est là? – Oui, il **vient de** rentrer. Er ist **gerade** heimgekommen.

4 Passé composé und Imparfait

Einzelhandlungen oder Handlungskette einerseits und die Begleitumstände andererseits werden im gesprochenen und geschriebenen Französisch durch das Passé composé bzw. Imparfait ausgedrückt.
Begleitumstände oder Hintergrundinformationen, die vorzeitig sind, stehen im Plus-que-parfait.

Begleitumstände/Hintergrund: Imparfait	**Handlungskette/Vordergrund: Passé composé**
J'étais dans le jardin et je ne **faisais** rien,	
Geschehensbasis: „Was war (schon)?“	• Eintretende Handlung: „Was geschah?“
	quand Alceste **est venu.**
	• Fortgang der Handlungskette: „Was geschah dann?“
	Alceste m'**a dit:** « Viens avec moi, j'ai quelque chose à te montrer, on va rigoler. » Moi, j'**ai** tout de suite **suivi** Alceste. (...)
Pendant que nous **marchions** dans la rue, il **regardait** derrière lui comme pour voir si on ne nous suivait pas.	
Bemerkung zu Begleitumständen auf dem Weg.	• „Und was geschah dann/schließlich?“
	Enfin, quand on **a tourné** le coin de la rue, Alceste **a sorti** de sa poche un gros cigare. « Regarde, il m'**a dit,** c'est un vrai, pas en chocolat. »
Ça, qu'il n'**était** pas en chocolat, il n'**avait** pas besoin de me le dire (...). Moi, j'**étais** un peu déçu, Alceste m'**avait dit** qu'on allait rigoler.	
Kommentar zur Aussage Alcestes und Bemerkung zur Stimmung von Nicolas.	• „Und wie ging es weiter?“
	« Et qu'est-ce qu'on va faire avec ce cigare? » j'**ai demandé.** « Cette question! m'**a répondu** Alceste, on va le fumer, pardi! »

(Nach *Sempé/Goscinny,* Le petit Nicolas, Paris, Denoël 1960)

Als **Begleitumstände** können in eine Handlungskette eingeblendet werden
- Schilderungen von Gewohnheiten und Verhaltensweisen;
- Beschreibungen von gleichzeitig bestehenden Gegebenheiten und Zuständen;
- Kommentare, Erklärungen und Hintergrundinformationen zum eigentlichen Geschehen (Wahrnehmungen, Begründungen, Absichten).

1. Im Temporalsatz mit *pendant que* (während) steht als Tempus der Gleichzeitigkeit in der Vergangenheit das **Imparfait. – Unterscheide** jedoch:

Pendant que nous **marchions,**	Alceste **regardait** derrière lui.	Parallel ablaufende Geschehnisse
	il m'**est venu** une drôle d'idée.	Neu einsetzendes Geschehen

2. Die Opposition Passé composé – Imparfait besteht auch im Satzgefüge mit *quand* und *lorsque.*
Unterscheide:

Quand/Lorsque Alceste **est venu,** (= **Au moment où** il est venu,)	j'**étais** dans le jardin.	Im Ablauf begriffenes Geschehen
	je **suis parti** avec lui.	Neu einsetzendes Geschehen
Quand/Lorsque mon ami **venait,** (= **Chaque fois** qu'il **venait,**)	ma mère **se retirait.**	Gewohnheitsmäßiges Geschehen

3. Bei anderen Textsorten der geschriebenen Sprache, z. B. in historischen Darstellungen und in Romanen (vgl. **183**), werden die in diesem Paragraphen beschriebenen Aspektunterschiede durch die Opposition Passé simple – Imparfait ausgedrückt. – Beispiel:

Nicolas **était** dans le jardin et ne **faisait** rien, lorsqu'Alceste **arriva.**
Celui-ci lui **demanda** de venir avec lui.

5 Das Plus-que-parfait

Das Plus-que-parfait wird in der gesprochenen und in der geschriebenen Sprache verwendet.
Es wird in Verbindung mit dem Passé composé, dem Passé simple und dem Imparfait gebraucht.

Vorzeitig	**Zeitlicher Bezugspunkt: Vergangenheit**
	François raconte: « A 2 heures, enfin, je **suis entré** dans un restaurant. J'avais faim et soif.
J'**avais marché** toute la matinée et je n'**avais** rien **mangé.**	
	Une heure plus tard, j'**ai continué** mes courses. Figure-toi: sur le Boul' Mich', j'**ai rencontré** Joëlle.
Je ne l'**avais** pas **vue** depuis plus d'un an. »	

Das Plus-que-parfait bezeichnet – wie das deutsche Plusquamperfekt – die Vorvergangenheit, d. h. ein Geschehen, das zeitlich vor einem anderen Geschehen in der Vergangenheit liegt.

Zum Plus-que-parfait im *si*-Satz vgl. **170.**

6 Das Passé antérieur

Das Passé antérieur wird vornehmlich in literarischen Texten und in gehobener geschriebener Sprache verwendet.

Gehobene geschriebene Sprache	**Gesprochene und geschriebene Sprache**
Lorsque Drouet **eut constaté** que le voyageur était le roi, il **se mit** à réfléchir.	**Après avoir constaté** que le voyageur était le roi, Drouet **s'est mis** à réfléchir.
Après que la voiture **fut repartie,** Drouet **prit** un cheval et **se rendit** à Varennes.	**Après le départ** de la voiture, Drouet **a pris** un cheval et **s'est rendu** à Varennes.
Dès qu'il **fut arrivé** là-bas, il **informa** la garde nationale.	**A son arrivée,** il **a aussitôt informé** la garde nationale.

- Das Passé antérieur steht hauptsächlich in Temporalsätzen, die mit Konjunktionen wie *lorsque, quand, après que, dès que* eingeleitet werden.
  Es drückt ein abgeschlossenes Geschehen der Vergangenheit aus, das vor dem im Hauptsatz durch ein Passé simple bezeichneten Geschehen liegt.
- In neutraler Sprache bevorzugt man andere Konstruktionen, um die zeitlichen Bezüge auszudrücken.

Anmerkung: In der gesprochenen Sprache findet man dafür mitunter das sog. Passé surcomposé, das aus dem Passé composé des Hilfsverbs *avoir* und *être* und dem Participe passé des betreffenden Verbs gebildet wird (vgl. **84 A**). – Beispiel:

Dès que j'**ai eu protesté,** ils se sont tus.

Zeitenfolge und Zeitangaben in indirekter Rede

187 Direkte und indirekte Rede

1. Man kann eine Äußerung auf zwei Arten wiedergeben: in **direkter** oder in **indirekter** Rede. – Beispiele:

Direkte Rede (le style direct)		**Indirekte Rede** (le style indirect)	
Anne dit:	**«Je vais quitter Paris.»**	Anne dit	**qu'elle va quitter Paris.**
Marc demande:	**«Tu n'aimes pas Paris?»**	Marc lui demande	**si elle n'aime pas Paris.**
Luc veut savoir:	**«Où est-ce que tu iras?»**	Luc veut savoir	**où elle ira.**
Pierre lui dit:	**«Tu m'écriras, n'est-ce pas?»**	Pierre lui dit	**de lui écrire.**

- Sowohl die direkte Rede als auch die indirekte Rede ist abhängig von einem übergeordneten Satz, der ein redeeinleitendes Verb des Sagens oder Fragens (z. B. *dire, demander*) enthält.
- Die **direkte Rede** wird gekennzeichnet durch Doppelpunkt und Anführungszeichen *(les guillemets),* im Dialog auch durch Gedankenstrich.
- Die **indirekte Rede** wird als **que-Satz,** als **Fragesatz** (Konjunktion *si* ‚ob', Fragewort *où, pourquoi, quand* u. a.) oder als **Infinitivkonstruktion** realisiert.

2. Da die indirekte Rede aus der Perspektive einer neuen Redesituation erfolgt, können Veränderungen der ursprünglichen Äußerung auftreten, die neben den **Personenangaben** insbesondere die **Zeitenfolge** und die **Zeitangaben** betreffen.

188 Die Zeitenfolge in indirekter Rede

In der indirekten Rede ist das Tempus des *que*-Satzes und des Fragesatzes von dem Tempus des redeeinleitenden Satzes abhängig. Dabei sind folgende Fälle zu unterscheiden:

1. Gliedsatz ohne Tempusverschiebung: Das Verb des redeeinleitenden Satzes steht in einem **Tempus der Nicht-Vergangenheit** (Présent, Futur, Conditionnel).

	Direkte Rede		**Indirekte Rede: que-Satz**
Anne **dit/ va dire/ dira/ dirait:**	«J'**avais pris** une semaine de congé.» «J'**ai fait** un beau voyage.» «Je **me repose** en ce moment.» «Je **repartirai** bientôt.» «Je **pourrais** rester plus longtemps.» «J'**aurais dû** vous écrire plus souvent.»	Anne **dit/ va dire/ dira/ dirait**	qu'elle **avait pris** une semaine de congé. qu'elle **a fait** un beau voyage. qu'elle **se repose** en ce moment. qu'elle **repartira** bientôt. qu'elle **pourrait** rester plus longtemps. qu'elle **aurait dû** nous écrire plus souvent.
			Fragesatz
Anne **se demande/ va se demander/ se demandera:**	«Pourquoi Jean ne m'**a** pas **invitée?**» «Est-ce qu'il **va** encore me **téléphoner?**» «Qu'est-ce que je **peux** faire?»	Anne **se demande/ va se demander/ se demandera**	pourquoi Jean ne l'**a** pas **invitée.** s'il **va** encore lui **téléphoner.** ce qu'elle **peut** faire.

- In diesem Fall steht in der indirekten Rede das Tempus der direkten Rede.
- Die Pronomen ändern sich sinngemäß wie im Deutschen.

2. Gliedsatz mit Tempusverschiebung: Das Verb des redeeinleitenden Satzes steht in einem **Tempus der Vergangenheit** (Passé composé, Imparfait, Plus-que-parfait, Passé simple).

Direkte Rede		Indirekte Rede: que-Satz	
Nadine **a dit/ disait/ avait dit/ dit** (P.s.):	«J'**ai fait** un long voyage.» «Alors je **me repose.**» «Je **repartirai** bientôt.» «Je **vais repartir** bientôt.» «Samedi je **serai repartie.**»	Nadine **a dit/ disait/ avait dit/ dit** (P.s.)	qu'elle **avait fait** un long voyage. qu'elle **se reposait.** qu'elle **repartirait** bientôt. qu'elle **allait repartir** bientôt. que, samedi, elle **serait repartie.**
			Fragesatz
Nadine **s'est demandé/ se demandait/ s'était demandé/ se demanda:**	«Pourquoi Jean ne m'**écrit** pas?» «Est-ce qu'il m'**a oubliée?**» «Qu'est-ce que je **ferai?**» «Qu'est-ce que je **vais faire?**»	Nadine **s'est demandé/ se demandait/ s'était demandé/ se demanda**	pourquoi Jean ne lui **écrivait** pas. s'il l'**avait oubliée.** ce qu'elle **ferait.** ce qu'elle **allait faire.**

- Gegenüber der direkten Rede ergeben sich in der indirekten Rede folgende **Tempusverschiebungen:**

Direkte Rede:		Indirekte Rede:
• **Passé composé**	→	**Plus-que-parfait**
• **Présent**	→	**Imparfait**
• **Futur simple**	→	**Conditionnel présent**
• **Futur antérieur**	→	**Conditionnel passé**

- Bei allen vier Tempora der indirekten Rede endet das konjugierte Verb bzw. Hilfsverb des abhängigen Satzes auf *-ais, -ais, -ait* etc.

Beachte:

Es tritt **keine Tempusverschiebung** ein, wenn das konjugierte Verb der direkten Rede bereits auf *-ais, -ais, -ait* etc. endet, also bei **Imparfait, Plus-que-parfait, Conditionnel.**
Beispiele:

Anne a dit: «Je **voulais** voir la côte bretonne.
J' **avais pris** une semaine de congé, mais
j' **aurais aimé** rester plus longtemps.» } **Direkte Rede**

Anne a dit **qu'** elle **voulait** voir la côte bretonne,
qu' elle **avait pris** une semaine de congé, mais
qu' elle **aurait aimé** rester plus longtemps. } **Indirekte Rede**

1. Nach einem Tempus der Vergangenheit im redeeinleitenden Satz kann in indirekter Rede ein Présent stehen, wenn es sich um eine von der Redesituation unabhängige, allgemeingültige Aussage handelt. – Beispiel:

   On ne vous **a** pas **dit** que les musées **étaient/sont** fermés le mardi?

2. Die in **188,** 1 + 2, dargestellte Zeitenfolge gilt nicht nur in der indirekten Rede, sondern auch in anderen Objektsätzen mit *que.* – Beispiele:

   Je **pense** que Nadine **est** bien arrivée.
   Je **pensais** que Nadine **était** bien arrivée.

F/D Im Deutschen steht im Unterschied zum Französischen im untergeordneten Satz der Konjunktiv:

Er sagte, er **sei** krank. Il a dit qu'il **était** malade.

Im Französischen wird der Subjonctif nur dann gesetzt, wenn das redeeinleitende Verb ohnehin diesen Modus auslöst. Dabei steht der Subjonctif présent bzw. der Subjonctif passé. – Beispiel:

Je doute	que vous **ayez** raison.	**Gleichzeitigkeit**
	qu'il **fasse** beau demain.	**Nachzeitigkeit**
	que Jacques se **soit trompé.**	**Vorzeitigkeit.**

189 Zeitangaben in indirekter Rede

Zeitangaben wie *aujourd'hui, hier, demain* sind von der Redesituation abhängig.
Sie müssen in indirekter Rede gegebenenfalls der neuen Redesituation angepaßt werden.
Beispiele:

Ce matin, **Il y a dix minutes,**	Yves **a dit** qu'il vous téléphonerait	**aujourd'hui.** **ce soir.** **demain.**	**Après cette réunion,** **Là-dessus,**	Yves **avait dit** qu'il vous téléphonerait	**ce jour-là.** **le soir même.** **le lendemain.**
Aujourd'hui, **Hier,** **Mercredi,**	Yves **a dit** qu'il déménagerait	**lundi.** **le mois prochain.**	**En partant,** **A cette occasion,**	Yves **avait dit** qu'il déménagerait	**le lundi suivant.** **le mois suivant/ le mois d'après.**
Ce matin, **Tout à l'heure,** **Il y a dix minutes,**	Yves **a dit** qu'il avait essayé de vous téléphoner	**hier matin.** **la semaine dernière.**	**Avant de partir,** **En sortant** de la banque,	Yves **avait dit** qu'il avait essayé de vous téléphoner	**la veille au matin.** **la semaine précédente/ la semaine d'avant.**

Unterscheide:

Bezugspunkt: Sprechzeitpunkt		**Bezugspunkt: ein anderer Zeitpunkt der Vergangenheit oder der Zukunft**	
aujourd'hui	heute	ce jour-là	an jenem (besagten) Tag
demain	morgen	le lendemain	am folgenden Tag
hier	gestern	la veille	am Vortag, tags zuvor
ce matin	heute morgen	ce matin-là	an jenem Morgen
ce soir	heute abend	ce soir-là	an jenem Abend
en ce moment	gerade, in diesem Augenblick	à ce moment-là	da, in jenem Augenblick
la semaine prochaine	(in der) nächste(n) Woche	la semaine suivante	in der darauffolgenden Woche
dans trois jours	in drei Tagen	trois jours après	drei Tage danach
il y a trois jours	vor drei Tagen	trois jours avant	drei Tage vorher
lundi	(am letzten/nächsten) Montag	le lundi précédent/ suivant	am vorhergehenden/ folgenden Montag

H Für die Ortsangabe *ici* tritt in direkter Rede *là-bas* ein, wenn die Redesituation es erfordert. – Beispiel:

Anne écrit à Eric:	*Eric dit à ses copains:*
«Nous sommes à Chamonix.	«Anne écrit qu'elle est à Chamonix
Il fait très beau **ici.**»	et qu'il fait très beau **là-bas.**»

Anhang

0 Graphische Hilfssymbole des Französischen

l'accent aigu [aksɑ̃tegy]	kennzeichnet ein geschlossenes *e* [e]:	été, fermé, la vérité
l'accent grave	kennzeichnet ein offenes *e* [ɛ]: oder unterscheidet einige sonst graphisch gleiche Wörter:	le père, la règle, il achète où – ou; à – (il) a; là – la (table); dès – des
l'accent circonflexe	steht für ein ausgefallenes *-s-* einer früheren Schreibweise: oder zur Unterscheidung sonst graphisch gleicher Wörter:	l'île, la fenêtre sûr – sur; dû – du; mûr – mur; la tâche – la tache
le tréma	kennzeichnet die zweisilbige Aussprache bei zwei aufeinanderfolgenden Vokalen:	une Citroën [sitrɔɛn], héroïque, haïr ['air]
la cédille (unter *c*)	kennzeichnet die Aussprache [s] von *c* vor *a/o/u*:	la façade, le garçon, j'ai reçu
l'apostrophe f	kennzeichnet die Auslassung von *a, e, i* vor Vokalen oder vor *h muet*:	l'école, d'abord, l'île, s'il vous plaît, l'homme, le journal d'hier

1 Die Verwendung der großen Anfangsbuchstaben – L'emploi des majuscules

Das französische Nomen wird in der Regel, außer am Satzanfang, klein geschrieben. Ausnahmen:

les **F**rançais, un **A**llemand, des **A**nglais Notre professeur est **F**rançais. **Aber:** la langue **f**rançaise; parler bien (le) **f**rançais	Groß geschrieben werden: • **Völkernamen,** wenn sie Nomen sind;
la **F**rance, la **S**eine, la **B**avière, **M**arseille	• **geographische Namen;**
Jean-**F**rançois, **C**hristine, M. et Mme **L**aporte	• **Personennamen;**
Il viendra à **P**âques/à **N**oël/à la **T**oussaint Allerheiligen	• die Namen der **kirchlichen Feste;**
l'**E**tat, l'**E**glise protestante, l'**A**cadémie française, l'**A**ssemblée nationale, le président de la **R**épublique	• die Namen **kirchlicher** und **öffentlicher Einrichtungen;**
Monsieur, J'ai l'honneur de ... (Briefanfang) Veuillez agréer, **M**onsieur, l'expression de mes sentiments distingués ... (Briefschluß) Monsieur le **P**réfet, Monsieur le **M**aire (vgl. **11**); **Aber:** un **m**onsieur âgé; le **m**aire de la ville	• eine Reihe von **Titeln** in der höflichen Anrede;
l'Amérique du **N**ord, le **M**idi, le pôle **S**ud; **Aber:** le vent du **n**ord	• die Namen der **Himmelsrichtungen,** wenn sie ein Gebiet bezeichnen.

→ Bei geographischen Namen mit charakteristischem Adjektiv wird meist nur dieses groß geschrieben, z. B. l'océan **A**tlantique/**P**acifique; la mer **R**ouge, le mont **B**lanc; **aber:** le **M**assif **c**entral.

192 **Die Silbentrennung** – La division en syllabes

Bei der Silbentrennung gelten folgende Regeln:

cha-**ri**-**té**, ré-**gu**-**liè**-**re**-**ment**, cou-**teau**, cha-**peau**, se-**con**-**d**aire, en-**fin**, en-**suite**	Ein **einzelner Konsonant** zwischen zwei geschriebenen Vokalen tritt zur folgenden Silbe.
ar-**gent**, par-**tir**, ex-**cur**-sion, al-**ler**, in-té-res-**sant**, co**m**-**men**-**cer**, obs-**cur**, comp-**ter**, cons-**ti**-tu-tion;	Bei **Gruppen von Konsonanten** zwischen zwei geschriebenen Vokalen tritt der letzte Konsonant zur folgenden Silbe.
a-**che**-ter, té-lé-**phone**, mé-**th**ode, se co-**gner**, pa-vi**ll**on (**aber:** vil-la)	**Nicht getrennt** werden • die Konsonantengruppen **ch, ph, th, gn, ll** [j];
ta-**bl**eau, an-**gl**ais, rem-**pl**ir, en-**tr**er, ins-**tr**uit	• Konsonant + **l** oder **r**;
lion, **tue**r, cu-**rio**-si-té, hé-**roï**que, ins-tr**ui**t, Ci-tr**oë**n	• aufeinanderfolgende **Vokale;**
l'ar-gent, au-jour-**d'hui,** quel-**qu'un**	• **l', d', qu'** vom folgenden Wort.

193 **Die Zeichensetzung** – La ponctuation

Im Französischen verwendet man folgende **Satzzeichen** (les signes de ponctuation):

.	le point	?	le point d'interrogation	–	le tiret (Gedankenstrich)
,	la virgule	!	le point d'exclamation	( )	les parenthèses f
;	le point-virgule	:	les deux-points m	« »	les guillemets [gijmɛ] m

Die Satzzeichen werden im Französischen im allgemeinen so wie im Deutschen verwendet. – **Aber:** Das **Komma** ist im Französischen Zeichen einer kurzen **Sprechpause** innerhalb des Satzes und nicht syntaktisches Gliederungszeichen wie im Deutschen. – Beachte:

1. J'ai enfin trouvé **le livre que je cherchais.** C'est un vieux dictionnaire, que j'ai acheté d'occasion (antiquarisch).	Es steht: **kein Komma** in Relativsätzen, die für das Verständnis des Satzes notwendig sind; ein **Komma** in erläuternden, ergänzenden Relativsätzen.
2. J'espère **que tout se passera bien.** J'avais espéré **te revoir bientôt.** Je suis curieux de savoir **s'ils viendront.** Je vous téléphonerai **dès que je serai de retour.**	**Kein Komma** steht ferner vor • Objektsätzen (*que*-Sätzen), • Infinitivgruppen, • indirekten Fragesätzen, • Adverbialsätzen.
3. **A quatre heures de l'après-midi,** il faisait déjà nuit. **Après une marche de trois heures,** nous avons fait halte. **Ensuite** (,) nous avons continué notre route.	Nach **längeren** adverbialen Bestimmungen, die den Satz einleiten, steht ein **Komma**. Bei adverbialen Bestimmungen, die aus nur einem Wort bestehen, kann das Komma fehlen.

1. Das **Ausrufezeichen** (le point d'exclamation) steht nur in wirklichen Ausrufen. *Aïe, tu me fais mal!*
   Beim **Imperativ** steht im Normalfall ein **Punkt**: *Asseyez-vous. Ne pleure pas.*

2. **Kein Punkt** steht bei **Datumsangaben**: *le 3-5-1988* oder *le 3/5/1988;*
   bei **Ordnungszahlen:** *la 3ᵉ question; Napoléon Iᵉʳ;*
   bei **Maßangaben:** *1 kg; 10 km; 1 l (litre).*

4 Alphabetische Liste der wichtigsten unregelmäßigen Verben

Wie bei den Nomen gibt es bei den Verben Komposita (zusammengesetzte Verben). Diese bestehen in der Regel aus einem Verb, dem ein Präfix vorangeht, z. B.

re + faire > refaire
dé + faire > défaire.

Da die Komposita in der Regel die gleichen Formen wie die entsprechenden einfachen Verben bilden, sind sie in der Verbliste nicht gesondert aufgeführt.
Man findet also *refaire* und *défaire* unter *faire*. – Ebenso:

ac-**cueillir**	con-**venir**	é-**lire**	per-**mettre**	r-**envoyer**
ad-**mettre**	contre-**dire**	é-**mettre**	pré-**dire**	satis-**faire**
ap-**paraître**	dé-**couvrir**	s'en-**fuir**	pré-**venir**	sou-**rire**
ap-**prendre**	dé-**faire**	entre-**prendre**	pro-**mettre**	se sou-**venir**
com-**prendre**	dé-**plaire**	inter-**dire**	re-**connaître**	sur-**prendre**
con-**tenir**	de-**venir**	ob-**tenir**	re-**cueillir**	sur-**vivre**
con-**vaincre**	dis-**paraître**	par-**courir**	re-**joindre**	trans-**mettre** u. a.

Infinitif **Futur simple**	**Présent** **(Impératif)**	**Imparfait** **Subj. présent**	**Passé composé** **Passé simple**	**Ebenso** **Anmerkungen**
acquérir erwerben, erlangen **j'acquerrai**	j' **acquiers** il acquiert ns **acquérons** ils **acquièrent**	j'**acquérais** que j' acquière que ns **acquérions** qu' ils acquièrent	j'ai **acquis** il **acquit**	conquérir erobern, erringen u. a.
aller gehen, fahren, reisen j'**irai**	je **vais** tu **vas** il **va** ns **allons** ils **vont** **(va/allez)**	j'allais que j' **aille** que ns allions qu' ils **aillent**	je suis **allé** il **alla**	s'en aller weggehen Impératif: va-t'en/allez-vous-en/vas-y **Beachte:** Als Passé composé steht meist: je suis parti,e
(s')**apercevoir**	vgl. **recevoir**			
appartenir	vgl. **tenir**			
s'asseoir sich setzen je m'**assiérai/** *assoirai*	je m'**assois**/*assieds* il s'assoit/*assied* ns ns **asseyons/** *assoyons* ils s' **assoient/** *asseyent* [-ɛj] **(assieds-toi/** **asseyez-vous)**	je m'asseyais que je m'**asseye** que ns ns asseyions qu' ils s' asseyent	je me suis **assis** il s'**assit**	Die schräggedruckten Formen sind in der gesprochenen Sprache weniger geläufig. **Merke:** être assis,e sitzen
atteindre erreichen j'**atteindrai**	j' **atteins** il atteint ns **atteignons** **ils atteignent**	j'atteignais que j'atteigne	j'ai **atteint** il **atteignit**	éteindre auslöschen peindre malen restreindre be-/einschränken u. a.

Infinitif **Futur simple**	**Présent** **(Impératif)**	**Imparfait** **Subj. présent**	**Passé composé** **Passé simple**	**Ebenso** **Anmerkungen**
battre schlagen je **battrai**	je **bats** il bat ns **battons** ils battent	je battais que je batte	j'ai **battu** il **battit**	combattre kämpfen
boire trinken je **boirai**	je **bois** il boit ns **buvons** ils **boivent**	je buvais que je boive que ns **buvions** qu' ils boivent	j'ai **bu** il **but**	
conclure folgern; (Vertrag) abschließen je **conclurai**	je **conclus** il conclut ns **concluons** ils **concluent**	je concluais que je conclue	j'ai **conclu** il **conclut**	exclure ausschließen
conduire führen, (Fahrzeug) fahren je **conduirai**	je **conduis** il conduit ns **conduisons** ils **conduisent**	je conduisais que je conduise	j'ai **conduit** il **conduisit**	construire bauen cuire kochen, backen, braten détruire zerstören instruire in Kenntnis setzen introduire einführen réduire reduzieren u.a.
connaître kennen je **connaîtrai**	je **connais** il connaît ns **connaissons** ils **connaissent**	je connaissais que je connaisse	j'ai **connu** il **connut**	reconnaître anerkennen, wiedererkennen
conquérir	vgl. **acquérir**			
construire	vgl. **conduire**			
courir laufen, rennen je **courrai**	je **cours** il court ns **courons** ils **courent**	je courais que je coure	j'ai **couru** il **courut**	parcourir durchlaufen/ -fahren; (Text) überfliegen u.a.
couvrir	vgl. **offrir**			
craindre fürchten je **craindrai**	je **crains** il craint ns **craignons** ils **craignent**	je craignais que je craigne	j'ai **craint** il **craignit**	se plaindre sich beklagen u.a.
croire glauben je **croirai**	je **crois** il croit ns **croyons** ils **croient**	je croyais que je croie que ns croyions qu' ils croient	j'ai **cru** il **crut**	
cueillir pflücken je **cueillerai**	je **cueille** ns **cueillons** ils **cueillent**	je cueillais que je cueille	j'ai **cueilli** il **cueillit**	accueillir aufnehmen, empfangen recueillir sammeln, empfangen u.a.
cuire	vgl. **conduire**			
décevoir	vgl. **recevoir**			
décrire	vgl. **écrire**			
détruire	vgl. **conduire**			

Infinitif **Futur simple**	**Présent** **(Impératif)**	**Imparfait** **Subj. présent**	**Passé composé** **Passé simple**	**Ebenso** **Anmerkungen**
devoir müssen; schulden je **devrai**	je **dois** il doit ns **devons** ils **doivent**	je devais que je doive que ns **devions** qu' ils doivent	j'ai **dû** (due,du(e)s) il **dut**	
dire sagen je **dirai**	je **dis** il dit ns **disons** vs **dites** ils **disent**	je disais que je dise	j'ai **dit** il **dit**	**Aber** (auf *vous disez*): contredire widersprechen interdire untersagen prédire voraussagen u. a.
se **distraire**	vgl. **extraire**			
écrire schreiben j'**écrirai**	j' **écris** il écrit ns **écrivons** ils **écrivent**	j'écrivais que j'écrive	j'ai **écrit** il **écrivit**	décrire beschreiben inscrire eintragen prescrire vor-/verschreiben
envoyer schicken, senden j'**enverrai**	j' **envoie** ns **envoyons** ils **envoient**	j'envoyais que j' envoie que ns envoyions qu' ils envoient	j'ai envoyé il envoya	renvoyer zurückschicken, entlassen
éteindre	vgl. **atteindre**			
exclure	vgl. **conclure**			
extraire (Bodenschätze) gewinnen, fördern; (Zahn) ziehen j'**extrairai**	j' **extrais** il extrait ns **extrayons** ils **extraient**	j'extrayais que j' extraie que ns extrayions qu' ils extraient	j'ai **extrait** (kein Passé simple!)	se distraire sich vergnügen/zerstreuen
faire machen, tun je **ferai** [f(ə)rɛ]	je **fais** il fait ns **faisons** [fəzõ] vs **faites** ils **font**	je faisais [fəzɛ] que je **fasse** que ns **fassions** qu' ils **fassent**	j'ai **fait** il **fit**	défaire lösen; aufmachen refaire noch einmal machen satisfaire zufriedenstellen
falloir nötig sein, müssen il **faudra**	il **faut**	il **fallait** qu'il **faille**	il a **fallu** il **fallut**	
fuir fliehen, meiden je **fuirai**	je **fuis** il fuit ns **fuyons** ils **fuient**	je fuyais que je fuie que ns fuyions qu' ils fuient	j'ai **fui** il **fuit**	s'enfuir entfliehen
haïr ['air] hassen je **haïrai** ['airɛ]	je **hais** ['ɛ] il hait ns **haïssons** ['aisõ] ils **haïssent** ['ais]	je haïssais que je haïsse	j'ai **haï** ['ai] il **haït**	Seltenes Verb, dafür meist: détester.
inscrire	vgl. **écrire**			
instruire	vgl. **conduire**			
introduire	vgl. **conduire**			

Infinitif **Futur simple**	**Présent** **(Impératif)**	**Imparfait** **Subj. présent**	**Passé composé** **Passé simple**	**Ebenso** **Anmerkungen**	
joindre verbinden je **joindrai**	je **joins** il joint ns **joignons** ils **joignent**	je joignais que je joigne	j'ai **joint** il **joignit**	rejoindre qn	jdn (wieder)treffen; einholen (bei Rennen)
lire lesen je **lirai**	je **lis** il lit ns **lisons** ils **lisent**	je lisais que je lise	j'ai **lu** il **lut**	élire	wählen u. a.
luire	vgl. **nuire**				
mettre setzen, stellen, legen je **mettrai**	je **mets** il met ns **mettons** ils **mettent**	je mettais que je mette	j'ai **mis** il **mit**	admettre émettre permettre promettre transmettre	zugeben (aus)senden; äußern erlauben versprechen übertragen u. a.
mourir sterben je **mourrai**	je **meurs** il meurt ns **mourons** ils **meurent**	je mourais que je meure que ns **mourions** qu' ils meurent	je suis **mort** il **mourut**		
naître geboren werden; entstehen je **naîtrai**	je **nais** il naît ns **naissons** ils **naissent**	je naissais que je naisse	je suis **né** il **naquit**	renaître	wiederaufleben/ -aufblühen/ -erwachen
nuire schaden je **nuirai**	je **nuis** il nuit ns **nuisons** ils **nuisent**	je nuisais que je nuise	j'ai **nui** il **nuisit**	luire	leuchten
offrir anbieten, schenken j'**offrirai**	j' **offre** ns **offrons** ils **offrent**	j'offrais que j' offre que ns offrions qu' ils offrent	j'ai **offert** il **offrit**	couvrir découvrir ouvrir souffrir	bedecken entdecken, enthüllen öffnen leiden
paraître (er)scheinen je **paraîtrai**	je **parais** il paraît ns **paraissons** ils **paraissent**	je paraissais que je paraisse	j'ai **paru** il **parut**	apparaître disparaître	auftauchen verschwinden u. a.
peindre	vgl. **atteindre**				
plaindre	vgl. **craindre**				
plaire gefallen je **plairai**	je **plais** il plaît ns **plaisons** ils **plaisent**	je plaisais que je plaise	j'ai **plu** (unveränderlich) il **plut**	déplaire	mißfallen
pleuvoir regnen il **pleuvra**	il **pleut**	il **pleuvait** qu'il **pleuve**	il a **plu** il **plut**		
poursuivre	vgl. **suivre**				

Infinitif **Futur simple**	**Présent** **(Impératif)**	**Imparfait** **Subj. présent**	**Passé composé** **Passé simple**	**Ebenso** **Anmerkungen**
pouvoir können; dürfen je **pourrai**	je **peux** tu peux il peut ns **pouvons** ils **peuvent** (kein Imperativ!)	je pouvais que je **puisse** que ns **puissions** qu' ils **puissent**	j'ai **pu** il **put**	Die Formen des Présent puis-je } + Infinitiv je ne puis } gehören der gehobenen geschriebenen Sprache an.
prendre nehmen je **prendrai**	je **prends** il prend ns **prenons** ils **prennent**	je prenais que je prenne que ns **prenions** qu' ils prennent	j'ai **pris** il **prit**	apprendre lernen comprendre verstehen entreprendre unternehmen surprendre überraschen u. a.
prescrire	vgl. **écrire**			
prévoir vorhersehen je **prévoirai**				sonst wie **voir**
recevoir empfangen; erhalten je **recevrai**	je **reçois** il reçoit ns **recevons** ils **reçoivent**	je recevais que je reçoive que ns **recevions** qu' ils reçoivent	j'ai **reçu** il **reçut**	apercevoir wahrnehmen, bemerken s'apercevoir de qc etw. bemerken, einer Sache gewahr werden décevoir enttäuschen u. a.
réduire	vgl. **conduire**			
résoudre qc (Problem) lösen **résoudre de** + Inf. beschließen je **résoudrai**	je **résous** il résout ns **résolvons** ils **résolvent**	je résolvais que je résolve	j'ai **résolu** il **résolut**	
rire lachen je **rirai**	je **ris** il rit ns **rions** [rijõ] ils **rient**	je riais ns riions que je rie que ns riions qu' ils rient	j'ai **ri** il **rit**	sourire lächeln
savoir wissen, können je **saurai**	je **sais** il sait ns **savons** ils **savent** **(sache/sachez)**	je savais que je **sache** que ns **sachions** qu' ils **sachent**	j'ai **su** il **sut**	Participe présent/Gérondif: (en) **sachant**
souffrir	vgl. **offrir**			
suffire genügen je **suffirai**	je **suffis** ns **suffisons** ils **suffisent**	je suffisais que je suffise	j'ai **suffi** il **suffit**	
suivre folgen je **suivrai**	je **suis** il suit ns **suivons** ils **suivent**	je suivais que je suive	j'ai **suivi** il **suivit**	poursuivre verfolgen

Infinitif **Futur simple**	**Présent** **(Impératif)**	**Imparfait** **Subj. présent**	**Passé composé** **Passé simple**	**Ebenso** **Anmerkungen**
se **taire** schweigen je me **tairai**	je me **tais** il se tait ns ns **taisons** ils se **taisent**	je me taisais que je me taise	je me suis **tu** il se **tut**	
tenir halten je **tiendrai**	je **tiens** il tient ns **tenons** ils **tiennent**	je tenais que je tienne que ns **tenions** qu' ils tiennent	j'ai **tenu** il **tint** ils tinrent [tɛ̃r]	appartenir gehören contenir enthalten obtenir erhalten u. a.
vaincre (be)siegen je **vaincrai**	je **vaincs** [vɛ̃] il vainc ns **vainquons** ils **vainquent**	je vainquais que je vainque	j'ai vaincu il **vainquit**	Im Présent selten; dafür meist être/sortir vainqueur. convaincre überzeugen
valoir Wert sein; gelten il **vaudra**	je **vaux** il vaut ns **valons** ils **valent**	je valais que je **vaille** que ns **valions** qu' ils **vaillent**	j'ai **valu** il **valut**	
venir kommen je **viendrai**	je **viens** il vient ns **venons** ils **viennent**	je venais que je vienne que ns **venions** qu' ils viennent	je suis **venu** il **vint** ils vinrent [vɛ̃r]	convenir à qn jdm passen devenir werden intervenir eingreifen se souvenir sich erinnern prévenir zuvorkommen, benachrichtigen u. a.
vivre leben je **vivrai**	je **vis** il vit ns **vivons** ils **vivent**	je vivais que je vive	j'ai **vécu** il **vécut**	survivre à qn/à qc weiter fortleben; jdn/etw. überleben
voir sehen je **verrai**	je **vois** il voit ns **voyons** ils **voient**	je voyais que je voie que ns voyions qu' ils voient	j'ai **vu** il **vit**	revoir wiedersehen prévoir vorhersehen (aber: Futur je pré**voi**rai)
vouloir wollen je **voudrai**	je **veux** il veut ns **voulons** ils **veulent** **(veuille/veuillez)**	je voulais que je **veuille** que ns **voulions** qu' ils **veuillent**	j'ai **voulu** il **voulut**	en vouloir à qn jdm böse sein **Aber**: Ne m'en veux/voulez pas (de partir si tôt).

Wort- und Sachregister

Die Zahlenangaben verweisen auf die Kennziffern (Paragraphen) am Seitenrand.

Es werden folgende Abkürzungen verwendet:

A	= Anmerkung	advB	= adverbiale Bestimmung	Adj	= Adjektiv
B	= Beachte	nomE	= nominale Ergänzung	N	= Nomen
U	= Unterscheide	InfE	= Infinitivergänzung	NG	= Nominalgruppe
→	= Siehe	prädE	= prädikative Ergänzung	Subj	= Subjonctif